M

La vida de un monje aplicada a nuestra vida diaria

Claudio de Castro

*"Os puedo asegurar que
vale la pena dedicarse
a la causa de Cristo
y, por amor a él,
consagrarse al servicio
de los hombres".*

San Juan Pablo II,
Madrid, mayo de 2003

CONTENIDO

A los que buscan la santidad con sus vidas.

A mi bella esposa, Vida.

A mis hijos que tantas alegrías me dan:

Claudio Guillermo,

Ana Belén, José Miguel y

Luis Felipe.

 A mi madre y mis buenos hermanos:

Henry y Frank.

A Mafe.

Y a mi nieta preciosa

Ana Sofía.

¿POR QUÉ ESTE LIBRO?

Hace poco leí en las redes sociales un llamado desesperado de una joven. Ella preguntaba: "¿Existe algún Manual de Vida para cuando uno se siente devastado, distante, sin poder hacer nada?" Es la pregunta universal que muchos se hacen en este momento y no encuentran respuestas, buscando en los lugares equivocados. Están cansados, necesitados de amor. Vamos a buscar ese AMOR y **lo encontraremos.** No está tan lejos como piensas, cegado y cansado. Vamos a ir a la fuente que nos dará AGUA VIVA.

He querido con este libro traer un poco de Paz a tu vida. Una paz interior, que finalmente hallarás y que perdurará en el amor inmenso e incondicional de Dios. A veces pensamos que Dios nos olvida. He llegado a concluir que Él siempre está con nosotros. Se porta como un Padre amoroso que a la distancia vela y protege a su hijo.

Ya lo sé, has cometido tantos errores en tu vida y casi no puedes rezar. No te preocupes, eso va a cambiar. Puedes más de lo que piensas. Dios, que lo ve todo y para quien no hay secretos, te mira complacido desde el cielo y **te ama tal como eres.**

Este maravilloso libro te ayudará a encontrar el camino, **le dará un nuevo sentido a tu vida.** Conoceremos personas que han transformado sus vidas y son felices, unos simpáticos monjes benedictinos. A través de fotos inéditas entrarás en sus vidas ocultas y cotidianas. El fuerte testimonio de estos monjes **abrirá tu alma a la gracia** de Dios que quiere habitar en ti. A veces basta ver una foto. Ésta golpea duro y te hace reconocer que podemos ser mejores. Si ellos, personas débiles como nosotros, pueden, nosotros también. **El camino está trazado**, sólo hay que recorrerlo.

Seguro conoces la "Medalla de San Benito", una medalla sacramental que portan muchos cristianos. Tal vez no sabes que su creador, San Benito de Nursia es patrono de Europa y Padre de los monjes occidentales.

San Benito redactó una **norma de vida**, un manual que organiza el día de un monje con espíritu de silencio, obediencia y humildad, por el que estos se rigen. Su Regla es de *tanta actualidad* que podemos aplicarla en nuestra vida familiar para llevarnos mejor, en el trabajo para desarrollar exitosamente luna empresa, en lo cotidiano para caminar a la santidad. Incluso se han desarrollado seminarios muy valiosos en los que aplican la Regla de san Benito en las empresas para hacerlas exitosas.

¿Sabías que la SIESTA (palabra proveniente de "sexta", la hora), la hora del descanso, tiene su origen en la regla de San Benito?

En este polémico libro vamos a enfocarnos en lo que hace extraordinaria esta Regla Monástica, la búsqueda de Dios en lo cotidiano y sencillo, lo que suele pasar desapercibido.

La vida oculta, silenciosa, de oración, la vida fraterna, el contacto íntimo con Dios y el trabajo arduo de un monje trapense **se pueden aplicar a nuestra vida cotidiana,** ayudándonos a recuperar la paz que tanto deseamos y en algún momento perdimos.

Tienes a tu disposición el Manual de Vida que estabas buscando. Cambiará tu concepto de TODO a tu alrededor. Lo que antes era importante, dejará de serlo, comprenderás que hay otros valores que le dan sentido a la vida y te hacen feliz. Esta es la sabiduría de los monjes, **un secreto** revelado, que ha permanecido encerrado, oculto por siglos y hoy está en tus manos. Va a iluminar la oscuridad en que vives, mostrándote un mundo maravilloso y bello.

Es necesario que des el primer paso, para que descubras lo que has estado buscando. ¿Qué es lo que hallarás?

Vamos, te acompaño.

¿Crees que Dios te ha olvidado? ¿Piensas que no te ama? Abre ese corazón curtido, haz silencio, solo un ratito, y escucha atentamente: "Hijo mío", te dice Dios. "No temas. **Yo te amo**. Lo eres todo para mí".

INTRODUCCIÓN

Somos suyos. Esto es lo más extraordinario y maravilloso que podrás descubrir en tu corta vida y estos monjes de la Abadía lo descubrieron de formas muy sencillas y a la vez extraordinarias. Es una noticia que se nos viene comunicando por la bondad del Padre. Dios existe y nos ama.

No merecemos nada, pero Dios te sumerge en su Amor puro, eterno, e infinito, te abraza con ternura y al oído, como un susurro suave, te dice ilusionado: "Eres mío". Y va más allá de esto. Nos promete una maravillosa eternidad y su protección en este mundo para que no tengamos miedos y andemos por la vida confiados, seguros de su Misericordia.

"Si atraviesas un río, yo estaré contigo y no te arrastrará la corriente. Si pasa por medio de las llamas, no te quemarás". (Is 43,2)

.".. *te amo, y eres importante para mí".* (Is.43,4)

Este es el gran descubrimiento que hice al escribir este libro y ahondar en la vida oculta de los monjes, que pasan sus días alabando a Dios en medio de sus actividades cotidianas. Somos suyos y no hay motivos para temer. Y ahora lo comparto contigo para que también lo veas.

Soy un laico, estoy casado con Vida y tenemos 4 hijos. ¿Qué tienen que ver unos monjes Benedictinos conmigo? ¿Por qué escribo un libro con fotos de una abadía, unos monjes y su búsqueda de Dios? Es simple, *porque lo necesitamos.*

Como todos mis libros inicio éste orando, con una visita a Jesús en el sagrario. Al orar nos ponemos en la presencia de Dios. Y somos escuchados y amados. En la Santa Biblia encontramos muchas recomendaciones sobre la oración: *"Sean constantes en la oración; quédense velando para dar gracias".* (Colosenses 4, 2)

Hay tanta violencia en el mundo que necesitamos ejemplos de vida, como las de estos monjes, que conviven en una Abadía Cisterciense.

Con sus silencios y oraciones nos muestran que la paz interior es posible, que no debemos titubear ni temer, porque Dios va con nosotros. Hace unos días, un amigo en Facebook, Chucho Picón posteó estos pensamientos que son los de muchos, pero no se atreven aún a declararlo: "Con que ganas quisiera que Dios se quedara en mi corazón para siempre y llenara ese abismo frío, obscuro y profundo, con que ganas quisiera que se quedara en mi corazón para ya no sentir más, con que ganas quisiera que se llenaran mis pulmones de Dios para poder volver a respirar su paz, con que ganas quisiera que se quedara Dios dentro de mí, toda mi vida, toda una eternidad en todos mis sueños. En cada uno de mis latidos va una plegaria, un llanto, un clamor y una oración para mi Señor y Creador, en cada respiración un te amo y un te anhelo mi Dios".

Es posible lograr su anhelo, ese deseo de encontrar a Dios. Este es el mensaje que he querido transmitir con este libro maravilloso, lleno de fotografías increíbles, inéditas, nunca antes vistas y de hermosas reflexiones y oraciones que nos ayudan a encontrar un camino de sencillez y alegría, uno inexplorado para muchos. Nuestra naturaleza inquieta nos obliga a buscar a Dios. Y no es sólo para estos frailes. Esa búsqueda es para todos, incluyéndote a ti y esto hace que no seamos tan diferentes y podamos comprendernos, hermanarnos, aunque vivamos a distancias y tiempos distintos. Dios quiere que seamos santos porque los santos son felices. Su llamado a la santidad es para toda la humanidad. *"Yo soy el Señor, vuestro Dios; vosotros debéis santificaros y ser santos, porque yo soy santo"*. (Levítico 11, 44)

El mundo está sediento de Dios y lo busca en los lugares más insospechados, teniéndolo tan cerca. Pero, ¿dónde encontrarlo? Ya san Agustín, uno de los grandes buscadores, nos había brindado la clave para hallarlo donde nunca imaginamos.

"¡Tarde te amé, hermosura tan antigua y tan nueva, tarde te amé! y tú estabas dentro de mí y yo afuera, y así por de fuera te buscaba; y, deforme como era, me lanzaba sobre estas cosas que tú creaste."

Hoy visitarás uno de esos sitios sagrados donde se respira la paz: un Monasterio trapense en Huntsville, Utah: la *Abadía de Nuestra Señora de la Santísima Trinidad.* (en inglés: Abbey of Our Lady of the Holy Trinity) al oeste de los Estados Unidos. Verás a los monjes envueltos de un misterio sobrenatural y a la vez los encontrarás tan humanos y sencillos como nosotros. Vas a mirar fotos nunca antes publicadas de su abadía y las actividades cotidianas de los monjes. La vida del monje nos golpea y hace reflexionar en nuestras vidas y lo que hacemos con ella. Le pido al buen Dios, que te bendiga y te conceda tus anhelos.

Espero que este libro te sirva de consuelo y te ayude a recuperar la paz y tus anhelos de santidad. ¡Dios te bendiga!

UN MENSAJE DEL ABAD

Tengo unas notas que nos envió Fray Charles Cummings. Fueron escritas en la abadía para acompañar este libro. Te las comparto.

"Las personas a menudo encuentran los monasterios lejanos o misteriosos. Ven a los monjes cantando en la capilla, pero luego los monjes desaparecen en algún lugar inaccesible para el público, sólo para reaparecer a tiempo para el siguiente canto. ¿A dónde han ido?, ¿qué hacen entre estos momentos de oración?

¿Qué ocurre detrás de aquella puerta marcada: **"CLAUSTRO, PRIVADO?"**. En esta hermosa colección de fotos, del renombrado fotógrafo panameño Anselmo Mantovani, se devela el misterio.

Verás ambos lados de la puerta del claustro. Observarás a los monjes en sus actividades cotidianas: trabajando, orando, sonriendo, descansando y viviendo en este monasterio que han ocupado desde 1947. Sin embargo, un elemento elusivo, un vestigio de misterio permanece. **El misterio rodea y abraza al monasterio,** penetra y permea a los monjes que viven aquí.

El lente de la cámara captura lo que puede verse, pero estas fotos también nos invitan a ver más allá, más profundamente, a través de las figuras monásticas y del paisaje que las rodea. Aquí encontrarás una nueva dimensión a estas inquietudes, el misterio de por qué estos hombres escogieron entregarse a una vida oculta; **el misterio de *Aquél*,** a quien sirven tan devotamente".

San Benito de Nursia solía decir: "*Ora et labore*", "*ora y trabaja*". Lo complementa con las palabras de Jesús: "No temas. Ora y trabaja". Conviertes el trabajo en una oración grata a Dios, al ofrecerlo y hacerlo de buena gana, con amor.

El mundo para ser mejor necesita nuestro trabajo y nuestras oraciones. La vida silenciosa, oculta, de estos monjes nos sirve de referente, de guía para cambiar nuestras vidas y el mundo. A medida que pases las páginas de este libro extraordinario lo comprenderás.

Te recomiendo leer en tus ratos de libres la Regla de San Benito de Nursia y meditar en sus palabras. Es un texto impecable, de mucha actualidad, que ha guiado la vida de millones de personas, y también puede orientar la tuya.

CONVIVÍ CON LOS MONJES

Anselmo, el fotógrafo que nos hizo llegar estas hermosas fotografías de la Abadía, convivió con los monjes en tres diferentes ocasiones, la última vez, un año. Ellos le permitieron registrar con su cámara fotográfica estos momentos íntimos de trabajo arduo, convivencia fraterna y oración devota... Son momentos de Paz.

He complementado estas bellas fotos con reflexiones personales que te ayudarán a encontrar tu camino, la paz en tu alma y tu corazón. Tienes frente a ti el camino, te toca transitarlo.

* * *

Llegué al estado de Utah en bus, después de haber viajado 17 largos e interminables días, desde Panamá, atravesando por carretera toda Centroamérica, México y los Estados Unidos. Estaba agotado.

Recuerdo aquella fría mañana en que los campos estaban cubiertos de nieve y al bajar del autobús recibí de golpe en el rostro un viento muy frío y violento, al que no estaba acostumbrado.

Me esperaban los monjes en la Abadía de Nuestra Señora de la Santísima Trinidad, en la localidad de

Huntsville, sin saber lo que en ese lugar iba a encontrar como fotógrafo y hombre, lleno de preguntas, que buscaba aumentar mi fe.

El monasterio me llamaba, necesitaba ir. Había leído los escritos luminosos de san Rafael de Arnáiz y las obras extraordinarias de un monje de la Orden Cisterciense, que vivía en la Trapa según la regla de San Benito y nos mostraba su búsqueda de Dios y su amor al silencio, la obediencia, la contemplación, el santo abandono y la oración. Con sus libros iluminó el camino de muchos jóvenes durante la década de los años 60 y animó la llama de Cristo en muchos corazones inquietos como el mío.

Los trapenses, mis hermanos, me enseñaron mucho. Fueron generosos y hospitalarios. Me abrieron las puertas de su monasterio y me permitieron fotografiar momentos muy íntimos de oración, silencio y trabajo contemplativo en la Abadía. **Conviví un año con ellos,** según la Regla de san Benito, que organiza sus vidas; tomando fotografías y buscando en el silencio y la oración, la voz de Dios Todopoderoso y eterno. Realicé en la austeridad de aquél hermoso monasterio un ejerció espiritual importante, que fortaleció mi fe y que estaba necesitando.

Lo hice con la oración continua de los salmos, meditando en la grandeza del Padre, pensando en Dios…

Sin olvidar mi propósito para estar allí, mi noble oficio de fotógrafo que intercalé con el trabajo manual en la abadía, la lectura de libros sagrados y la oración litúrgica continua a lo largo del día. Todo esto me llevó a descubrir el misterio de la oración contemplativa o contemplación como suele llamarse, que es cuando te entregas a Dios, que habita en ti, pues somos templos del Espíritu Santo.

Sobre esta experiencia mística, profundamente espiritual, Santa Teresa de Jesús escribió: *"Entra, porque tienes al Emperador del cielo y de la tierra en tu casa ... **no ha menester alas para ir a buscarle**, sino ponerse en soledad y mirarle dentro de sí ... Llamase recogimiento porque recoge el alma todas las potencias (voluntad, entendimiento, memoria) y se entra dentro de sí con su Dios".*

Sabía al ir a la Abadía, que la vida monástica estaba enfocada en buscar la presencia paternal de Dios, que nos llama por nuestro nombre. Ésta búsqueda continua, **este recogimiento interior me ayudó a encontrar la paz espiritual** que tanto anhelaba y me enseñó a tener una conversación íntima con papá Dios en medio de mi trabajo profesional, captando con el lente de mi cámara, lo que con palabras es difícil describir.

"Ora et Labora" (reza y trabaja) es la consigna de los monjes trapenses y créanme, es un camino cotidiano, simple y efectivo en la vida monástica. Yo trabajé con los monjes, los conocí a cada uno por su nombre y participé un año entero de sus oficios divinos, 7 veces al día. Conocí algunos monjes que eran unos verdaderos santos en la tierra. Nos hicimos hermanos.

Su espiritualidad los hacía invisibles para un mundo materialista, pero visibles para Dios quien la mirada complacido. Viendo su ejemplo de vida, su santo abandono en la Providencia Divina, pedía a Dios el don de la oración, para poder seguir sus pasos, aunque fuese a la distancia, como un pecador, sin ser digno de tan grande don.

Se habla por algunos lugares que es una pérdida de tiempo la vida contemplativa o el ser monje, que este tipo de vida monástica algo anticuado. Es una equivocación tan grande esta idea.

Por el contrario, rezar y el conversar casi todo el día y la noche con Dios, atrae todo tipo de bendiciones al monje y al área donde están los monasterios.

He sabido que donde están edificados los monasterios prosperan las actividades productivas y las bendiciones abundan.

La vida de un monje es un paradigma que golpea el alma en un mundo indiferente a la espiritualidad. Están en el mundo sin ser del mundo y su propósito es buscar a Dios por medio del silencio, la reflexión y la oración. Una vez leí la entrevista que hacían a una religiosa que entraba en un monasterio y le preguntaron para qué sirve un monje. Su respuesta contundente, me encantó: *"Somos monjes para mantener encendido en el corazón de cada hombre, el deseo de Dios".*

La vida monástica no es fácil, lo sé muy bien, conlleva muchos sacrificios, empezando por el silencio, la hora de levantarte, el trabajo arduo, el sacrifico y lo más difícil, dejar a un lado nuestros orgullos personales. Me tocó vivirlo.

Se llena el día del monje con la oración, la lectura de libros de espiritualidad y la presencia de Dios.

Convivir con estos monjes fue una experiencia sorprendente que transformó mi concepto de la vida y de la caridad fraterna. Muchos de ellos eran veteranos de la Segunda Gran Guerra, hombres acostumbrados a la rudeza, pero aquí en su búsqueda de Dios, hallaron serenidad y paz.

Debes experimentar esta paz, vivirla consciente que Dios está cerca, para poder comprender qué mueve a estos hombres a dejarlo todo, abandonar lo que nos ofrece este mundo y pasar sus días en la presencia amorosa de Dios.

A estos hombres que escogieron la vida contemplativa, monástica, les ofrezco mi más profundo respeto y admiración. Y pido a Dios Altísimo que los bendiga y que ponga en el corazón de la juventud el deseo de caminar con ellos y unirse a la vida monástica como un camino de santidad, amor y fraternidad.

Anselmo Mantovani / Fotógrafo

¿BUSCAS LA PAZ?

¿Necesitas paz en tu alma? Existen lugares santos en el mundo de los que brotan y se esparcen la paz y la serenidad que tanto anhelamos. En estos es posible estar con Dios y escuchar su voz que penetra el alma y el corazón. El monasterio es uno de ellos.

El día de un monje empieza, aún en penumbras, antes del amanecer, con la oración.

Trabajan duro, cultivan la tierra, crían abejas y cosechan su miel, hornean pan para vender y subsistir. Vas a verlos en sus momentos de intimidad dentro de la Abadía.

Seguro te preguntas: *"No soy monje, ¿de qué me puede ayudar leer este libro?"* En muchas formas que ni siquiera imaginas. Debes seguirles el rastro y comprenderás.

La vida de un monje en medio del silencio, la oración, la vida fraterna y la lectura de libros de crecimiento espiritual se traduce en algo muy sencillo, casi impensable en nuestros tiempos: "Su búsqueda de Dios".

Los frailes trapenses no necesitan hablarnos. Con sus gestos e imágenes de su vida lo dicen todo. Son un signo de contradicción. Lo descubres en sus fotos.

"Por qué me sugieres imitar sus vidas?" Te dará paz. ¿No es acaso lo que tanto necesitas? Recuperar la paz en tu agitado mundo.

"¿Qué debo hacer? No me voy a levantar en las madrugadas a rezar, ni voy a trabajar en hortalizas, ni dedicaré horas a la lectura y el silencio. Apenas me alcanza el día con todo lo que debo hacer."

Puedes empezar con algo básico, simple, a tu alcance que va a restaurar tu fe y sanar las heridas de tu alma. **REZA.** Busca en tu vida momentos para estar con Dios y reza. ¿Hace cuánto que no dialogas con Él? Lo segundo que debes hacer es perdonar y perdonarte. Aprende de los frailes qué viven en fraternidad, respetándose, perdonándose, compartiendo su búsqueda de Dios.

Estos frailes vinieron la mayoría de la Segunda Gran Guerra. Vieron muchas muertes y vivieron grandes batallas. Fueron veteranos de guerra y tuvieron que aprender a perdonar y perdonarse. Perdona tú también.

Lo tercero es **leer la santa Biblia** y libros de espiritualidad sobre nuestra fe. La Biblia nos transmite un mensaje de amor y reconciliación. Al leerla, escuchas la voz de Dios que te llama "hijo". Nada hace tanto bien al alma como la lectura de un buen libro. Añade a tu lectura de la Santa Biblia, "Historia de un Alma" de santa Teresita del Niño Jesús y sigue con la "Imitación de Cristo" de Tomás de Kempis, así tomarás el gusto por esto libros maravillosos. Descubrirás en el camino que hay cientos de libros más esperando por ti.

La vida, entrega y el ejemplo de estos monjes bastan para impactar al corazón adormecido de cualquiera y llevar su ejemplo a nuestras vidas cotidianas. Te ayudarán a crecer en la fe, perseverar en la oración y superar todas las adversidades que estamos enfrentando. Para aprovechar la experiencia que hoy se te comparte, y puedas enriquecerte con ella, no vayas con prisas, apuros, dudas o indiferencia. Detente. Haz un alto en esa vida agitada, llena de obligaciones y trabajos y problemas por resolver. Descubrirás que en ocasiones debemos detenernos para reflexionar ante la oportunidad que se nos brinda de cambiar, ser mejores. Es en esos momentos, en este momento que ahora vives, cuando debemos alejarnos del mundo y sus ruidos para estar con Dios y descubrir su inmenso amor.

Guarda silencio.

Sumérgete en la foto.

Reflexiona. Ora.

Vive el momento intensamente.

Y descubre el sentido de tu existir.

¡Animo! Dios te está esperando.

EL DÍA DE UN MONJE

5:00 am
Levantarse
5:30 am
Oficio de Vigilias
6:45am
Desayuno
7:00 am
Plegaria individual o lectura
7:30 am
Oficio de Laudes (Liturgia de las Horas)
8:10 am
Lectio Divina (reflexión de texto bíblico)
10:00 am
Misa
11:15 am
Trabajo
1:00 pm
Oficio de Sexta
1:15 pm
Almuerzo
1:50 pm
Oficio de Nona
2:00 pm
Recreación
2:50 pm
Trabajo
5:00 pm
Oficio de Vísperas

5:30 pm
Plegaria individual o lectura
7:30 pm
Cena
8:00 pm
Plegaria individual
8:30 pm
Reunión de la comunidad.
El Padre Abad imparte sus enseñanzas, y Oficio de Completas
9:00 pm
Silencio de noche

52 FOTOGRAFÍAS
CON REFLEXIONES

"Siete veces al día yo te alabo por tus juicios que son justos."

(Salmo 119, 164)

FOTO No. 1

Espera....

¿Ya viste la señal a tu izquierda? ¿Pasó desapercibida? ¿Por qué titubeas? No tengas miedo. Dios va contigo. En medio de un hermoso paisaje, Dios suele dejarnos señales para que podamos encontrarlo. Basta alejarse del mundanal ruido. Hacer silencio. Saber escuchar.

ERES MÍO

A menudo nos desanimamos. Es normal que ocurra. Vivimos enfrentados a un mundo que no parece tener compasión por los hijos de Dios. Aquellos que desean seguir los pasos de Jesús son atacados por todos los frentes posibles, así caen sacerdotes, esposos, esposas, familias que se dividen y el mundo parece que se derrumba. Enfrentamos a la vida y enfrentamos la muerte, pero no estamos solos.

Un día comprendí que no hay motivos para temer. El buen Dios nos acompaña a lo largo de nuestras vidas. Nos toca a nosotros cumplir su santa voluntad que es perfecta, hacer buenas obras y tenerle contento, como haría cualquier hijo con su padre. Dios es bueno, es Padre, es Amor. Esto lo descubres por experiencia propia. Suelo decir que, si Dios tuviese otro nombre, lo llamaría: "TERNURA". Debes tener la experiencia de Dios para entenderlo. Aun sabiéndolo, tenemos miedo de encontrarnos con Él, aferrados a este mundo material. Parece que ya nada nos satisface. No hallamos armonía, ni reposo, ni tranquilidad. Sin embargo, hay personas que han optado por perderlo todo, para ganarlo todo, por dejar a un lado sus deseos mundanos y dedicar sus vidas a la búsqueda de Dios.

Te escribo porque he visto a Dios actuar, con mis propios ojos, en mi vida y en la vida de muchos a mi alrededor. Esta es la gran noticia que no publicarán los diarios: "Dios está vivo". Y no sólo esto: es Todopoderoso, bueno, tierno, es nuestro Padre y nos llama "hijos". ¿Cómo acercarnos a un Padre Celestial siendo como somos? Pues confiando. Es lo que se nos pide. Confiar y amar al buen Dios, con todo nuestro corazón. Así de sencillo. Sólo nos pide nuestro amor. Tiene sed y nosotros podemos saciarla, amándolo, siendo hijos fieles. A Dios le duele la desconfianza.

En cada una de las páginas de la Biblia lo encuentras siendo un Padre amoroso, dispuesto, preocupado por sus hijitos. Cada historia es un acto de Amor, llegando al gesto más grande que un padre puede hacer, dar la vida de su hijo por nosotros y nuestra salvación eterna. Pero no sólo en la Biblia encuentras historias edificantes, que te mueven al Padre. Cada día, en lo cotidiano, lo más pequeño, las encuentras. Sólo hay que abrir los ojos y el entendimiento. Así descubres a Dios que actúa en silencio.

Desde el amanecer, hasta que cae la noche, no cesa de enviar su gracia santificante. Al ver tanta maravilla, te brota del alma este salmo que una vez cantó el Rey David: *¡Alaba al Señor alma mía! Mientras viva yo quiero alabar al Señor. Quiero salmodiar para el*

Señor mientras exista. Y yo pensaba agradecido: *"Qué bueno eres Señor". "Me encanta saber que somos tuyos".*

Te invito querido amigo, amiga, para que vayamos con estos monjes a buscar el amor de Dios, bebamos hasta saciarnos y llenemos nuestros corazones con su bondad su gracia y su Misericordia. Lo haremos juntos adaptando a nuestra vida cotidiana sus enseñanzas y forma de vida sencilla que te mueve a la oración profunda. El trayecto está trazado. Iremos por el camino pedregoso de la vida que nos atormenta a veces pero que también nos llena de alegrías. Y juntos encontraremos al Dios de nuestros ancestros, el único Dios verdadero, nuestro Padre celestial.

Vivir en la presencia de Dios y amarlo con todo el corazón, es lo que te conducirá a la perfección y la santidad. No necesitas más para ganar su corazón de Padre.

FOTO No. 2

Esta es la libertad verdadera: **Amar a Dios.**

* * *

LA CONFIANZA

Una vez me preguntaron: *¿Confías en Dios?* Esta pregunta ha estado dando vueltas en mi mente y siempre me siento inquieto cuando me toca responder.

¿Confío?

Hablamos de una confianza plena, la que va más allá de las palabras. La certeza y la seguridad de saber cercano a Dios. Nada sería imposible para nosotros si tan solo confiáramos, si tuviésemos la fe del tamaño de un grano de mostaza.

Dios ha querido enseñarnos... nos pide que confiemos, que vayamos seguros por la vida. Seremos entonces como un niño pequeño, feliz, aferrándose a la mano de su padre.

FOTO No. 3

Estamos a punto de entrar al monasterio. ¿Qué nos espera? Es un lugar santo que invita a la reflexión y la oración profunda. Observa con detenimiento.

Dios ha llenado al mundo con pequeños detalles.

Parece una foto simple, pero si observas con detenimiento encontrarás los detalles del buen Dios.

El reflejo de un auto en la puerta principal.

Las ramas del árbol que parecen envolver al edificio.

Las pocas semillas que aún perduran en el pequeño arbusto de la izquierda. El pasamanos casi invisible. La nieve que todo lo cubre con su blancura.

Silencio.

Oración.

Recogimiento.

***Hay momentos que sólo
le pertenecen a Dios.***

PRESENCIA DE DIOS

*"Oh Dios, tú eres mi Dios, a ti te busco,
mi alma tiene sed de ti".* (Salmo 63)

"Derramaré mi espíritu sobre tu raza y mi bendición
cubrirá tus descendientes. Crecerán como hierba re-
gada. Como sauces a orillas de los ríos."
(Is. 44, 3-5)

Contaba un sacerdote en su homilía que la presencia de Dios entre el pueblo judío fue tan grande
que todos se expresaban así: *"El Señor que nos libró
de la esclavitud. El Señor que nos sacó de Egipto, el
Señor que nos dio el maná del cielo..."*

Nosotros siendo católicos pensaremos igual y expre-
saremos admirados: "El Señor que me dio la vida, el
Señor que nos ama tanto..." Podremos honrarlo
como merece y le daremos un lugar privilegiado en
nuestras vidas.

La pertenencia al Padre y al Hijo y al Espíritu Santo
te llena de un gozo sobrenatural... Inunda tu alma de
una paz que nunca experimentaste. Te deseo ese
amor tierno y limpio, para que ames al buen Dios con
todo tu corazón y toda tu alma y todo tu ser.

FOTO No. 5

*"Lo que hagáis al más pequeño de mis hermanos,
a mí me lo haréis"*. (Mat 25, 40)

"Regreso al monasterio, Es mi refugio en este mundo agitado. Allí encuentro a mis hermanos y disfruto de pequeños momentos de paz, sosiego. Mi día transcurre en medio del trabajo, el silencio, las plegarias más profundas, intimidad con Dios y vida fraterna".

* * *

LA MEJOR ORACIÓN

La mejor oración siempre es la genuina, la más pura y sincera. Surge de lo profundo del alma. Es aquella que Dios escucha enternecido y lo mueve a abrazarnos y consolarnos.

Santa Teresita del Niño Jesús nos enseñó a no complicarnos con nada. Ella decía:

"Para mí la oración es un impulso del corazón, una sencilla mirada lanzada al cielo, un grito de reconocimiento y de amor, tanto en la tristeza como en la alegría".

Y san Pío de Pieltrecina nos muestra la clave para encontrarnos con la oración. Es tan sencilla que sorprende: Abandono, confianza y humildad.

"El don de la oración está en manos del Salvador. Cuanto más te vacíes de ti mismo, es decir, de tu amor propio y de toda atadura carnal, entrando en la santa humildad, más lo comunicará Dios a tu corazón".

Piensa qué te aleja de Dios, qué cosas te impiden acercarte a Él. Y déjalas a un lado. Ese orgullo inútil. Esa dificultad para perdonar. Ese tratar de exigirle a Dios.

A Dios le encantan los humildes. Pide con humildad el don de la Oración y Él te lo concederá. Con los años, al pasar por estos momentos con Dios, tu oración se convertirá en silencio y contemplación. Suavidad y dulzura.

Contemplas a Dios en toda su hermosura, su majestad, su ternura. Lo ves y Él te mira. Sabes que es tu Padre y que ha estado a tu lado en todos los momentos de tu vida.

Es un hablar callado en el que sobran las palabras. Su presencia amorosa te envuelve. Vives con la certeza de su Amor. No necesitas más. Es el punto de crecimiento espiritual que Santa Teresa de Jesús acuñó con estas palabras:

"Sólo Dios basta".

Tengo prisa. Dios me espera.

Yo también quisiera encontrarte Señor.
Quiero hallarte y retenerte en mi alma.
Que seas mío y yo tuyo.

Que seamos: *"nosotros"*.

> *"Señor, oye la voz con que a ti clamo,*
> *escucha por piedad"*. (Salmo 27,7)

Ayúdame Señor, a empezar de nuevo.

LAS VIRTUDES DE LOS SANTOS

¿Cuáles son las virtudes de los santos? Hace poco pasé por el Hogar de Ancianos y tenían un gran mural que decía: *Virtudes de San Vicente de Paúl*:

Amor a Dios.

Amor a la Santa Virgen.

Obediencia.

Humildad.

Sencillez.

Sinceridad.

Espíritu de trabajo.

Caridad.

Con los años lograrás también tener estas virtudes. Seguramente agradarás a Dios con tus actos y vivirás en santidad el resto de tus días.

Mientras, basta que des el primer paso. Acércate a Jesús Sacramentado, ábrele tu corazón, dile con franqueza:

— Quiero que seas mi amigo, Jesús.

Y él te contestará:

— Lo soy.

Aquí sientes la presencia de Dios. Es casi palpable. La dulce pertenencia a Dios siempre me ha cautivado. Saber que somos parte de algo tan grande que no lo podemos siquiera imaginar, que no estamos de casualidad en la tierra y tenemos un propósito. Se nos ha dado libertad para escoger el bien sobre el mal. Estamos llamados a heredar el Reino.

Dios nos habla con tanta familiaridad, como un padre le hablaría a su hijito:

"Yo soy el primero y el último; no hay otro Dios fuera de mí. ¿Quién es igual a mí? Que se pare y lo diga, que me cuente y me demuestre que anunció lo que debía pasar y nos dijo con anticipación las cosas futuras. *No se asusten ni tengan miedo;* ¿no es cierto que se lo había anunciado desde hace tiempo? Ustedes ahora son mis testigos. ¿Hay acaso otro Dios fuera de mí? ¡No! No existe otra roca que yo sepa". (Is. 44, 6-8)

LAS COSAS DE DIOS

No puedes entender las cosas de Dios, porque su mentalidad es diferente a la nuestra. Él piensa en términos de eternidad, nosotros en lo temporal. En Dios todo es pureza, amor, ternura, y nosotros estamos alejados de la perfección. Pasarán los años y un buen día vas a darte cuenta que todo esto que hoy vives fue para tu bien. Con Dios, siempre es así. Es su pedagogía.

Algunos son despertados del sueño, con su llamado, como Samuel. Otros son tirados del caballo, como san Pablo. Y la mayoría pasa la mayor parte de su vida buscando respuestas, como san Agustín.

Dios siempre acude a nosotros. Tiene un plan para cada uno. Hay que ser pacientes y orar. Confiar y tener fe. Si estuvieras atento, si escucharas su voz, cada vez que rezas el Padre Nuestro y dices: "Padre...", lo escucharías con la claridad del viento cuando responde: "Hijo..."

Es lo que me ha estado ocurriendo con el buen Dios.

Cierra las puertas al pecado.
Refúgiate en Dios.

CONFÍA EN DIOS

Ayer escuché a una persona preocupada porque no le iba bien *"a estas alturas de la vida"*. Lo que más me impresionó es que contaba las cosas que había hecho por Jesús: "Fui catequista, fui cursillista. Y con todo esto me siento mal por dentro. ¿Cómo es posible?"

Reflexioné toda la tarde en esto. Quería encontrar una respuesta. Era como un enigma. Sé de muchos que, sirviendo a Dios, abandonados en su Misericordia, les va mejor que nunca. Y son plenamente felices. Nada les falta, a pesar de no tener bienes materiales. Enfrentan dificultades, pero saben que Dios les cuida con esmero y delicadeza. Sin embargo, esta persona que escuche hablar, aparentemente no era feliz. Al llegar a casa, mi esposa me dio la clave. Recordó la homilía de un sacerdote que le decía a los feligreses. *"Algunos se quejan con Jesús de las cosas que les ocurren. ¿Por qué a mí, si vengo a la misa todos los días? ¿Por qué a mí, si ayudo a todos los que puedo? Y es que Jesús nunca nos prometió que los problemas desaparecían. Al contrario, nos dijo:* **"El que quiera seguirme, que renuncie a sí mismo, cargue con su cruz y me siga"**. (Marcos 8, 34)

FOTO No. 8

Me detengo un instante Señor, para pensar en ti.

Hace mucho que no te hablaba. Y no sé cómo empezar.

Sólo quiero que sepas que te amo, y que te necesito.

* * *

"…adelántense para honrarse unos a otros (Rm 12,10); tolérense con suma paciencia sus debilidades, tanto corporales como morales; obedézcanse unos a otros a porfía; nadie busque lo que le parece útil para sí, sino más bien para otro; **practiquen la caridad fraterna** castamente; teman a Dios con amor…" (Regla de San Benito)

FOTO No. 9

*A ti Señor, elevo mi alma,
a ti que eres mi Dios".*

(Salmo 25)

CUANDO TE QUEDAS
SIN PALABRAS

A veces uno se queda sin palabras y no puede rezar. A mí me basta decirle:

"Señor mío… y Dios mío".

Es la mejor oración que encuentro en momentos así. Salgo afuera de mi casa, observo la inmensidad del cielo y me maravillo pensando en Dios. Sé que está allí, en alguna parte, mirándome.

De pronto me abraza una Ternura que sobrepasa todo entendimiento. Te llenas de un Amor que no comprendes. Es como la caricia de una madre. Quisieras que nunca termine.

Es una presencia de Dios intensa. Cuando te quedes sin palabras acuérdate de Dios y verás brotar de tus labios esta breve jaculatoria:

"Señor mío y Dios mío".

Al momento se hará presente y te responderá:

"Aquí estoy".

A veces hay que abandonarse en Dios.

Quedarnos quietos.

Ser un instrumento de su amor.

Llevarlo a donde quiera que vaya.

RENUEVA TU VIDA

Una vez leí que Dios nos habla a través del sufrimiento porque es algo que todos comprendemos. No todos comprenden la música, o el deporte o la literatura... pero todos saben lo que es el sufrimiento y lo entienden. Por eso Dios escogió el sufrimiento para redimirnos. Y por eso Jesús padeció tantos sufrimientos.

El que ve la cruz y a Jesús en ella, comprende de inmediato el mensaje. Los grandes santos hallaron momentos místicos contemplando la cruz. ¿Lo has intentado alguna vez?

Me da la impresión que debes empezar a renovar tu vida haciendo algo extraordinario, que te llene, que le dé valor a todo lo que hagas. Haz una prueba. Ten un día de amabilidad, de sonreírles a todos, de pasar alegre y ayudar al que puedas.

Un día que empiece con esta oración:

*"Dulcísimo Señor, Tú eres compasivo
y Misericordioso".*

Repite en tu mente esta oración como una jaculatoria. ¿Con qué propósito? Uno muy especial: "Alegrar el Corazón de Dios".

A Dios le gusta cuando nos acordamos de Él.

Cuando experimentes a Dios y te llene con su "Gracia" y su "Amor" no vas a necesitar más nada en esta tierra. Todo perderá sentido para ti, excepto su amistad.

Ya no tendrás que vivir tratando de comprender por qué el sufrimiento, por qué las injusticias, por qué me pasa todo esto.

Te bastará saber que Dios te ama y está contigo. Entonces podrás reflejar a Dios, como un espejo y los demás lo verán en ti, claramente. Tanto que algunos dirán: "Es una persona de Dios". Vas a comprender que las motivaciones para vivir y ser feliz se obtienen del servicio, de darnos a los demás.

Si tienes curiosidad por saber lo que es esto, te recomiendo pasar un día de voluntario en el Hogar de las Misioneras de Jesús, de la Madre Teresa de Calcuta. Al finalizar el día tendrás tu respuesta. Ésta será tu actividad "especial" del sábado. Estar con las religiosas, compartir lo que hacen por los demás.

Una vez fui con un amigo a llevar una donación que él haría. Fue un momento muy intenso y emotivo. Al salir del lugar, noté que mi amigo se tocaba los ojos con las manos.

"No sé qué me pasa", me dijo, "estoy llorando por la emoción". "Es la gracia de Dios", le respondí. "Está complacido y te regala esa gracia, una alegría intensa, esa emoción tan especial". Recuerdo siempre aquél sacerdote que tuvo la experiencia y en Misa, durante la homilía, confesó emocionado: "Allí se siente a Dios".

No tengas miedo, acércate a Dios. Él te llenará con su amor y su gracia. Necesitas estar con Dios, en este momento. Necesitas estar con Dios, siempre, en todo momento.

* * *

"Dulcísimo Señor,
Tú eres compasivo
y Misericordioso".

FOTO No. 11

Aquí estoy.

No necesito nada.

¿Comprendes?

Tengo a Dios.

Todo lo demás sobra.

"Confía en el Señor y haz el bien, habita en tu tierra y come tranquilo. Pon tu alegría en el Señor, él te dará lo que ansió tu corazón". (Salmo 37)

"Tengo necesidad de Ti, mi Señor. Conduce mi vida hacia la perfecta unidad contigo. Abre mis ojos para mirar el camino que me conduce a la Paz y dame fuerzas para reconocerlo". Esta pequeña oración me la envió Sor Laura Medal, una monja salesiana con la que me carteaba. La copié en un papelito y la pegué entre las páginas de un cuaderno. Hoy la encontré y me siento feliz de poder compartirla contigo. Hay tanta riqueza espiritual en nuestra Iglesia y no lo sabemos reconocer.

UNA LECCIÓN DE VIDA

Todo milagro empieza con un acto de fe.
Y la vida de los monjes es un acto Insólito de fe que golpea nuestras almas y conciencias. Estamos contemplado sus vidas a través de unas fotos extraordinarias, conocimos admirados su Regla monástica y vimos que muchas de sus enseñanzas se pueden aplicar a nuestro tiempo, pues son de mucha actualidad.

Los monjes benedictinos tienen sus días bien organizados. En la trapa nada queda al azar. Los monjes caminan en silencio, reflexionan, rezan y trabajan a diferentes ritmos durante el día... todo con un propósito: su búsqueda de Dios. ¿La meta? Encontrarlo.

Bien sabía San Benito que el OCIO, es el causante de muchos de nuestros males, es perjudicial, una zancadilla que nos hace tropezar y caer en el pecado. Nada bueno trae al hombre este ocio improductivo. Nos llena de malos pensamientos, turbios, morbosos, impuros, y es cuando llegan las fuertes tentaciones. San Benito con su Regla cuida mucho que esto no ocurra. Organiza el día de un monje de forma eficiente y práctica. Siempre están ocupados en alguna actividad positiva. Tienen ratos de trabajo y oración, de lectura y de esparcimiento.

Les enseña a escuchar, obedecer, aspirar al cielo y ser humildes. Lo lleva a buscar a Dios para conocerlo y amarlo. Está claro que no podemos amar aquello que no conocemos. Por eso es primordial primero conocer a Dios, a través de las Escrituras, de su Creación, de la vida.

Me gusta contar la historia de aquél pueblecillo de pastores en el que hicieron un concurso sobre el Salmo del buen Pastor. Llegaron hombres doctos de otros pueblos y todos disertaron con gran sabiduría sobre el Salmo, analizando cada palabra, el sentido del mismo y el momento histórico en que se compuso. Iba a triunfar uno de ellos cuando llegó del campo un hombre sencillo precedido de sus ovejas. Lo Invitaron a participar. Habló con tal pasión y alegría que en pocas palabras se ganó el concurso. Cuando lo entrevistaron para saber cómo pudo ocurrir que un hombre ignorante les ganara a tantos sabios respondió con sencillez: ***"Es que ellos conocen el Salmo del buen Pastor, yo, en cambio, conozco al PASTOR del Salmo"***.

En las fotos se nota con claridad que nuestros monjes conocen a Dios. Lo tratan íntimamente, a diario y procuran agradarle con sus vidas. Esto los ha transformado, los hace mejores personas, los acerca a la santidad que Dios nos pide.

SAN BENITO EN PRISIÓN

Recuerdo una ocasión en que sentí la necesidad de cumplir este llamado de Jesús: *"Porque tuve hambre y me disteis de comer, tuve sed y me disteis de beber, fui emigrante y me acogisteis, 36.estuve desnudo y me vestisteis, enfermo y me visitasteis, preso y fuisteis a estar conmigo."* (Mateo 25, 35-36)

Decidí ir a una prisión estatal. Le pedí a muchos que me acompañaran, pues nunca antes había estado en una. En Latinoamérica y mi país, son escuelas del crimen, más que centros de resocialización. Hay personas que no son una amenaza para la sociedad, han caído en un delito y los envían a la cárcel. Me preguntaba con frecuencia: "¿Qué ganamos con esto?" En lugar de un castigo, es una tortura, les robamos parte de sus vidas. Logré obtener un permiso, llevaría algunas cajas con mis libros para obsequiar y podríamos hablar con los reclusos. Lo que vi me impactó. Había una carencia de humanidad que convertía aquél lugar en un infierno en la tierra.

El castigo sobrepasaba el delito y llenaba de odios al castigado. Dios, que habita los corazones de los hombres parecía estar vedado en aquél oscuro y terrible lugar.

Mientras estudiaba para este libro y leía y meditaba la Regla de san Benito que norma la vida en comunidad de los monjes, me pregunté qué ocurriría si la apicaramos en las prisiones. La Regla regula el día según las necesidades físicas y espirituales. Hay un lugar y momento para rezar, un tiempo para trabajar, otro para la convivencia fraternal, otro para el trabajo arduo.

Imagina si en las cárceles a los detenidos, privados de su libertad, se les impusiera esta norma, para que no pasarán sus días ociosos, sin hacer nada bueno.

Muchos de ellos pasan el tiempo muerto en la prisión preparando venganzas, aprendiendo nuevas y terribles formas de cometer un crimen.

Te aseguro que su rehabilitación sería acelerada y al quedar libres veríamos personas diferentes, de provecho para la sociedad. Las cárceles dejarían de ser Universidades del Crimen.

Dios sabe transformar los corazones más endurecidos, le da un NUEVO SENTIDO a nuestras vidas.

Todo está dispuesta, a nuestro alcance, sólo falta querer, tener la voluntad, recordar que somos hermanos, TODOS, hijos de un mismo Dios.

APLICANDO LA REGLA
DE SAN BENITO

Los consejos de San Benito son tan efectivos para poner orden en nuestras agitadas vidas, que debieran ser de uso común, parte de nuestras vidas cotidianas para hacer cambios y transformar las familias fracturadas por el desamor, las empresas inoperantes, las comunidades donde no se convive, las personas que sufren, el mundo violentado.

Lo que nos dice san Benito es algo tan básico en las relaciones humanas y la vida íntima con Dios, que sorprende que no la usemos a diario. Debemos:

1. Aprender a escuchar.
2. Ser humildes.
3. Dedicar tiempo de calidad a la oración.
4. Leer libros de espiritualidad para alimentar la mente y el alma.
5. Hacer oficios manuales dando lo mejor de uno.
6. Huir del ocio.
7. Hacerlo todo en bien del hermano.
8 Tener caridad fraterna.
9. Saber elegir bien al Abad (un gerente de empresa en nuestro tiempo), te explica cómo de debe ser, qué virtudes debe tener.

"Por tanto, el abad no ha de enseñar, establecer o mandar cosa alguna que se desvíe de los preceptos del Señor, sino que tanto sus mandatos como su doctrina deben penetrar en los corazones como si fuera una levadura de la justicia divina..."

10. **Vivir cada día como si fuese el último.**

11. Organizar nuestros días en diferentes ACTIVIDADES, CON RITMOS DIFERENTES, dándonos tiempo para el trabajo, los alimentos, la oración, el descanso y la reflexión espiritual.

¿Sabías que las primeras palabras de su regla son éstas?: **"Escucha hijo".**

Mi familia es hebrea por parte de mi papá y asisto a la Sinagoga en festividades especiales y familiares. Las primeras palabras del Shema, curiosamente son similares: **"Escucha Israel".**

Escuchar es un acto de humildad y obediencia. Ya no queremos escuchar sino hacer que prevalezca nuestra opinión. Los padres solemos decir a nuestros hijos: "Escucha hijo…" Es una frase muy paternal. Solo el que escucha es capaz de comprender las Escrituras y encontrarse con Dios que quiere hablarle a la humanidad, a sus hijos amados. San Benito conoce profundamente al hombre y su débil naturaleza, por eso le ruega **escuchar atentamente** lo que está por decirle. Es para su bien y le conviene estar atento.

Leer la Regla de San Benito te descubre un mundo extraordinario, espiritual, lleno de aventuras y posibilidades, empapado en la voluntad de Dios que a todos nos pide: "Sean santos, porque Yo soy santo".

Puedes descargar su Regla en archivo PDF gratuitamente desde diferentes sitios de Internet. Créeme, leerla vale la pena, estás invirtiendo en tu futuro, en tu crecimiento espiritual y en el mejoramiento de tu familia y empresa. *"Ora et labora"*.

Me encuentro en tu presencia santa.

Nada puedo ocultarte.

Conoces mis intenciones.

"Revísame, Señor, y ponme a prueba; pon en el crisol mi conciencia y mi corazón". (Salmo 26)

LA VIRTUD DE LA HUMILDAD

¿Eres humilde? A mí me cuesta. Cada día lucho contra el Claudio que soy, pensando en el que deseo ser, un hermano para Jesús. Un hermano para todos. Dispuesto a dar la mano al necesitado, al que me pida un favor. Pero no siempre lo consigo.

Desde el momento que salgo de la casa empieza la batalla. Conozco mi debilidad y sé que sólo puedo sostenerme con los sacramentos y la oración. Por eso voy a misa cada vez que puedo. Por eso salgo orando, ofreciendo al buen Dios el día que empieza, pidiéndole que me fortalezca y me haga como él quiere que sea.

Comprendes de pronto lo pequeño e insignificante que eres ante la inmensidad y magnificencia de Dios.

Parece como si Dios mismo te llevara al límite, para probar tu fe, fortalecerla y hacerte comprender que sin él nada podemos. Yo, barro en sus manos. Él, un alfarero experto. Veo cómo transcurre cada día y reconozco que vamos de paso, somos simples peregrinos por la vida. En estas circunstancias, ¿de qué me sirve el orgullo?

Dios ama a los humildes, con un amor particular. Los llena de gracias. Es feliz con ellos.

Sabe que lo aman y cumplen sus preceptos. Por eso reconoces a un santo con tanta facilidad: ¿Es humilde? ¿Obediente? ¿Contemplativo? Entonces te encuentras ante un hombre o una mujer que luchan por su santidad personal, que viven para agradar a Dios. Santos en camino, hacia una gloriosa eternidad. Sé también que a Dios le encanta que confíes en él. Cuando lo haces, en alguna medida, descubres un nuevo mundo a tu alrededor, un mundo maravilloso, en el que Dios interactúa como Padre de toda la humanidad. Mi modelo a seguir es mi mejor amigo: "Jesús". Me encantan sus palabras y sus promesas: *"Vengan a mí los que van cansados, llevando pesadas cargas, y yo los aliviaré. Carguen con mi yugo y aprendan de mí, que soy manso y humilde de corazón; y sus almas encontraran descanso".* (Mt 11, 28-29)

Los santos se han esforzado siempre por seguir a Jesús y ser humildes como él. San Agustín decía: "¿Quieres ser santo? Sé humilde. ¿Quieres ser más santo? Sé más humilde". Recuerdo haber leído que Fray Escoba (san Martín de Porres) caminaba una mañana por el mercado de Lima, con su canasto cargado de frutas y pan para los pobres. De pronto, desprevenido, golpeó a un señor. Éste, pomposamente vestido, se molestó y empezó a insultar a nuestro santo. Fray Escoba le escuchaba en silencio, con la mirada en el suelo.

Cuando el hombre terminó de gritar, San Martín se disculpó: "Perdone mi torpeza". El hombre aún enfurecido le gritó: "Eres una Bestia", a lo que san Martín replicó: "Si su merced me conociera mejor, sabría que soy mucho peor que eso". ¿No te dan deseos de aplaudir a nuestro santo? ¿De imitarlo?

A veces me parece que Jesús nos mira con tanta ilusión. ¿Te ha pasado? Espera mucho de nosotros. Quiere que apuremos el paso, que seamos santos "como nuestro Padre del cielo". ¿Que no puedes ser humilde? Dímelo a mí, que nos parecemos. Sin embargo, he descubierto que lo imposible, Jesús lo hace posible. Basta querer. Dar el primer paso, como el hijo pródigo.

Lo he visto en muchas personas. Han cambiado tanto que te impresionas. Ahora se saben hijos amados por Dios. Lo viven a diario. Y son felices. A mí, esta certeza me da una gran serenidad. Vale la pena vivir para él, esforzarnos por ser humildes, anhelar la santidad.

FOTO No. 13

Espero a Dios.

****

"Algún día vendrás por mí y yo te saludaré gozoso. Te mostraré lo que he hecho por tu amor. Y tú me sonreirás complacido".

"En Dios descansa el alma mía, de él espero mi salvación". (Salmo 62, 2)

"Dios es nuestro refugio".
No hay que buscar más.
En Él encontrarás la felicidad
y la Paz.

CUANDO DIOS TE HABLA

Hoy me volvió a ocurrir. Estaba en misa y nuevamente pensé en Su silencio.
— ¿Por qué parece que callas? — le pregunté.

Llegamos al Padre Nuestro y empecé a rezar. Pero algo me interrumpió. Sentí como si Dios me respondiera…

—Padre.
—Hijo.

—Padre.
Otra vez:
— Hijo.

Me he sonreído por esta ocurrencia suya.
—Señor, debo continuar.
Y volví a empezar…

—Padre Nuestro
— Hijo mío.

— Que estás en el cielo.
—Que estás en la tierra.
—Santificado sea tu nombre.
— Yo te bendigo.

—Venga a nosotros tu reino

—Quiero verlos a todos conmigo.

—Hágase tu voluntad, en la Tierra como en el cielo.

—Es mi voluntad que te esfuerces, que ames, y seas santo. ¡Quiero que seas feliz!

—Danos hoy nuestro pan de cada día.

—Te daré todo si confías, amas, y te abandonas en Mi amor.

—Perdona nuestras ofensas.

—Yo perdono y olvido, una y otra vez. Es lo que hace el Amor. Cuando amas, eres capaz de perdonar miles de veces, como el corazón de una Madre que perdona y abraza a su pequeño.

—Como nosotros perdonamos a los que nos ofenden.

— ¿En verdad perdonas? Piensa en aquél que tanto daño te hizo. ¿Quieres que te ayude a perdonarlo?

— No nos dejes caer en la tentación.

— Ten presente que la tentación no es un pecado. A veces la permito porque te fortalece. El pecado es caer, no apartarse de ella.

Quiero preguntarte: ¿Qué haces cuando tienes una gran tentación? ¿Oras? ¿Te abandonas en Mí?

Grandes tesoros celestiales esperan a los que perseveran y triunfan, los que no caen en la tentación.

— Y líbranos del mal.

— Yo siempre estoy con ustedes. Los cuido, consiento y protejo. Tengo un plan maravilloso para cada uno. A cambio es tan poco lo que pido. "Quédate cerca, camina conmigo, confía, obedece mis Mandatos, sé Misericordioso, justo, santo".

Ustedes se alejan de Mí. Me olvidan y me sacan de sus vidas. Dejan a un lado lo fundamental: "El amor". Eres como el hijo pródigo. Mi hijo.

Te estoy esperando, con los brazos abiertos, con el Amor de un Padre.

De pronto lo descubres. Todo le pertenece a Dios. Me sentí inútil ante tanta grandeza. Y supe por un momento de lucidez lo que Jesús espera de nosotros. Es como quien va en medio de un bosque oscuro y de pronto un rayo ilumina el firmamento. Por un instante puedes verlo todo. El camino, los árboles, los troncos caídos, las flores, los animales nocturnos.

Al regresar la oscuridad, ya no temes, sabes que un mundo maravilloso te rodea, que existen cosas que antes nunca pudiste ver. Así me ocurrió. En un breve momento, pude ver y reconocí lo que nos pide Dios, lo que le agrada que ofrezcamos como hijos suyos.

Es tan sencillo que nos parece poca cosa.

¿Eso es todo? Sí, a Dios le basta esto: "Que lo amemos con toda el alma y todo el corazón, que cumplamos sus mandamientos, que busquemos la perfección y la santidad, que no tengamos miedo de proclamar nuestra fe, que confiemos en su Misericordia y su *"Amor"*.

FOTO No. 14

No me importa desgastarme como un viejo libro, si es por ti Señor. Arrinconado, en una esquina, te esperaré. Dispón de mí como quieras, cuando quieras.

Tu llegada será mi alegría, mi esperanza, mi futuro.

* * *

ESTAR CON EL MAESTRO

Jesús suele salirnos al camino, como a los discípulos de Emaús. Nos acompaña y anima. Nos cuestiona. Nos ilumina. Vamos despistados a su lado sin reconocerlo. Pero al final, antes de marcharse nos muestra que era él dejándonos con el corazón ardiendo.

Es lo que nos ha pasado, por eso no dejamos de mencionarlo. Lo hemos encontrado camino a la Iglesia. Su Iglesia.

Hay muchos más a los que les ocurre igual. Me contaron de este sacerdote que dirigió en su parroquia un retiro juvenil. Participaron los jóvenes del barrio. El último día, los invitó a una Hora Santa, pero ninguno quiso asistir.

Nuestro sacerdote entristecido, se acercó al Sagrario y se arrodilló con humildad. En silencio lloraba y le pedía a Jesús que perdonara esta falta de amor. Sintió entonces una mano que se posaba sobre su hombro.

Al pasar frente a la capilla uno de los muchachos lo había visto, y profundamente conmovido, se postraba junto a él.

Sin decir una palabra, se aproximó otro muchacho, se arrodilló... y luego otro y otro... hasta que el altar quedó completamente rodeado de jóvenes que oraban fervorosamente, sintiendo que sus corazones se inundaban con la gracia, mientras experimentaban la presencia viva y el Amor infinito de Jesús Sacramentado.

* * *

"El duodécimo grado de humildad" consiste en que el monje no sólo tenga humildad en su corazón, sino que **la demuestre siempre** a cuantos lo vean aun con su propio cuerpo, es decir, que, en la Obra de Dios, en el oratorio, en el monasterio, en el huerto, en el camino, en el campo, o en cualquier lugar, ya esté sentado o andando o parado, esté siempre con la cabeza inclinada y la mirada fija en tierra, y creyéndose en todo momento reo por sus pecados, se vea ya en el tremendo juicio. Y diga siempre en su corazón lo que decía aquel publicano del Evangelio con los ojos fijos en la tierra: *"Señor, no soy digno yo, pecador, de levantar mis ojos al cielo".* (Lc 18,13)

(Regla de San Benito)

¿Hay una mayor alegría, que tener a Dios en el corazón?

"Guárdame, oh Dios, pues me refugio en ti. Yo le he dicho: "Tú eres mi Señor, no hay dicha para mí fuera de ti". (Salmo 16,1)

La ociosidad es enemiga del alma; por eso han de ocuparse los hermanos a unas horas en el trabajo manual, y a otras, en la lectura divina.

EXPERIMENTAR A DIOS

Hace mucho aprendí que no es lo mismo hablar de Dios que experimentar a Dios.

A partir de hoy tu tarea será muy sencilla: Sentir a Dios, experimentar su presencia. ¿Cómo? ¿Dónde? Eso ya lo sabes.

¿Cómo? Sirviendo de voluntario. Ofreciendo tu servicio a Dios. Siendo generoso con una donación.

¿Dónde? Donde requieran tu ayuda.

Cuando lo hayas hecho, termina el día con esta oración, la misma con que lo iniciaste:

"Dulcísimo Señor, Tú eres compasivo
y Misericordioso"

FOTO No. 16

¿Quién puede temer, si Dios está con uno?

"Te preserva el Señor de todo mal, él guarda tu alma. Él te guarda al salir y al regresar, Ahora y para siempre". (Salmo 121 7, 8)

* * *

"La ociosidad es enemiga del alma; por eso han de ocuparse los hermanos a unas horas en el trabajo manual, y a otras, en la lectura divina". (San Benito)

San Luis María de Montfort en una carta a los "Amigos de la Cruz" había estipulado prácticas del camino de la perfección:

"Toda perfección cristiana en efecto consiste en:
Querer ser santo; *el que quiera venirse conmigo.*
Abnegarse; *que se niegue a sí mismo.*
Padecer; *que cargue su cruz.*
Obrar*; y que me siga".*

FOTO No. 17

Dios es muy especial.

Yo, no puedo menos que amarlo y ser feliz.

Su alegría es saber que le amamos, y que podemos y sabemos retribuir su inmenso amor.

MI TRABAJO EN ORACIÓN
Reza y trabaja

¿Sabías que puedes convertir TU TRABAJO EN ORACIÓN? Basta ofrecerlo a Dios y trabajar en su presencia amorosa, empeñados en realizar el mejor trabajo posible.

Cada mañana al despertar le ofrezco mi vida y mi día a Dios, le pido sabiduría, le imploro que me bendiga y le ruego que convierta mi trabajo en una oración grata a sus ojos. De esta forma mientras trabajo, estoy rezando. De esta forma cumplo lo que nos piden en la Biblia: "Oren constantemente".

Soy una persona muy desorganizada. Sin el apoyo de mi esposa no habría logrado la mitad de mis sueños como escritor.

Mientras escribo, ella se encarga de organizar mi entorno, la casa, el manejo del dinero... Todo esto me brinda la libertad y el tiempo que necesito para reflexionar y dedicar horas a escribir estos libros.

Cómo sé que me voy a olvidar de muchas cosas y no tendré tiempo para otras mientras escribo, cada mañana hago un acto de fe y confianza. Le pido que convierta mi trabajo en oración continua.

Me gusta mucho contar esta historia. Llegué a un convento una mañana de abril para hacer una pequeña donación y pasé a la capilla pues tengo por costumbre saludar a Jesús en el sagrario. Una religiosa daba una charla a un grupo de mujeres muy humildes. Me senté a escuchar en una de las bancas de atrás. Recuerdo que la religiosa decía: "Los animales trabajan sin Dios, por instinto viven. Nosotros las personas que pensamos y tenemos inteligencia, trabajamos con Dios en nuestros corazones. Sabemos que es nuestro Padre. Ofrézcanle cada día sus trabajos. Trabajen con Dios y Él las bendecirá".

En estas fotos de los monjes en la trapa puedes ver que el trabajo arduo rinde frutos de eternidad cuando se realiza **con Dios en medio, la oración en los labios y el corazón en el cielo**. He aprendido mucho en el trayecto de la vida. A mi edad he dejado a un lado las cosas innecesarias que sólo me hacen más pesado el trayecto. Mi meta es el cielo. Aunque lo veo distante y sé que no me esfuerzo lo necesario para llegar, no me desanimo, yo pongo lo mío, lo poco, sé que Dios pondrá lo mucho. He descubierto que debemos y PODEMOS CONFIAR plenamente EN DIOS. Te lo digo porque lo he visto infinidad de veces. Dios nunca defrauda. Todo lo hace perfecto. Abandónate tranquilo en sus manos paternales. Él lo hará muy bien, siempre mejor nosotros.

LA PRESENCIA DE DIOS

Me ocurrió el día de ayer. Estaba con mi esposa Vida en un parque y de pronto, caminando, nos vimos rezando un Ave María.

Fue como una necesidad que nos brotó del alma. Rezarle a la Virgen, decirle que la queríamos. Darle un piropo.

Cuando lees las vidas de los grandes santos, te percatas que su mayor deseo era vivir permanentemente unidos a Dios. Se iban a lugares solitarios para orar sin ser perturbados y experimentar la dulce "presencia" de nuestro Señor.

Muchos permanecían orando por días, olvidándose de los alimentos, de todo lo que los rodeaba, sin distraerse por el mundo. Sólo Dios llenaba sus vidas. Cuando oraban el cielo se abría ante ellos y hablaban con Dios.

Me gusta mucho esta explicación que dio Santa Teresita del Niño Jesús sobre la oración. El que ha probado estos dulces momentos sabrá comprenderla: "Para mí, la oración es un impulso del corazón, una sencilla mirada lanzada hacia el cielo…"

El mundo cambia cuando tienes presencia de Dios y experimentas su Amor.

Es entonces cuando lo temporal pierde valor. Te das cuenta que hay cosas más importantes, que trascienden, por las que vale la pena gastar nuestras vidas.

¿Ves la tranquilidad del monje en la foto?

Ha dedicado su vida a Dios.

Sabe bien que no la ha desperdiciado.

Es feliz.

EN DIOS VIVIMOS

He pensado mucho en estas palabras del Evangelio: "En Dios vivimos, nos movemos y existimos". Si orar es hablar con Dios, entonces no ha de ser tan difícil. No es como escribir una carta y enviarla por correo, o mandar un E-mail o buscar una persona en otro país.

A Dios lo tenemos en nosotros. Somos templos del Espíritu Santo. Por ello orar es tan sencillo. Dios siempre nos ve y nos escucha, siempre está con nosotros. Cualquier cosa que yo diga, Él la escucha, cualquier gesto de amor, Él lo ve. Me impresiona saber que Dios habita en nosotros, que somos templos de Espíritu Santo, y que, en esta vida, a pesar de ser barro, nos sostenemos con la oración.

Si no oramos, el corazón se nos enfría, perdemos la esperanza, la cercanía con Dios.

He conocido personas que han sido ejemplo toda su vida y de pronto, abrumados por los problemas cotidianos, abandonan la oración y caen. Y es que, sin la oración, estamos perdidos.

FOTO No. 20

Esta es la antesala del cielo, me dijo una vez un sacerdote. Y yo le creí. La presencia de Dios es tan grande, que no pasa desapercibida. Vas a misa con regularidad, pero no ves lo sobrenatural, el milagro que ocurre durante la consagración, el misterio de Dios, que se revela a los hombres.

NO ME DEJES SOLO

"¿Me vendrás a visitar? Hace mucho que espero ilusionado".

Entré en una Iglesia de esta ciudad, a la que iba por primera vez. Había un Cristo enorme, con los brazos abiertos, y una mirada penetrante que te atravesaba el alma.

No pude sostener la vista. Busqué un padre para confesarme y le dije:

— Padre, deseo confesarme para poder mirar a Jesús, a los ojos.

Me confesé y regresé a la Iglesia. Me paré frente al Cristo y lo miré a los ojos. Y él me miró con esta mirada cargada de amor. Y nos quedamos así, mirándonos, sin hablar, porque en ese momento, sobraban las palabras.

Una vez un sacerdote me dijo: "tus pecados son como una gota de agua que Dios disuelve en el mar de su Misericordia. A Mayor pecado, mayor Misericordia".

Este es el secreto de la felicidad: encontrar a Dios.

"En paz me acuesto y en seguida me duermo, pues tú solo, Señor, me das seguridad".

(Salmo 4)

LA ORACIÓN PERFECTA

Un día sentí la necesidad de orar. Fui a una capilla cercana a mi trabajo donde tienen un sagrario hermoso y me encontré con que celebraran Misa. Sentí la tentación de irme. "He venido a rezar, Señor, pero celebran la Misa". Al finalizar la Eucaristía lo recordé y me di cuenta que había rezado "la más perfecta de las oraciones".

Es una flecha de madera.
Señala la casa de Dios.
Qué trabajo más noble.

Imagina si nos propusiéramos hacer lo mismo.
Señalar a los otros la casa de Dios, la puerta del
Paraíso.

FOTO No. 23

He pasado frente a una imagen de Jesús Crucificado. Lo miré a los ojos y me pareció que me decía: *"Gracias"*.

He quedado subyugado.

Él es Dios, pero por algún motivo que sólo explicas por el amor, nos ama con un amor inmenso e infinito.

ACEPTANDO LA CRUZ

Hoy pasé a saludar a Jesús y en la capilla encontré un arreglo de flores que le obsequiaron a la Virgen. Estaba lleno de orquídeas. Son flores muy delicadas, pero se veían tan firmes, resplandecientes...

Me acerqué y descubrí un alambre del color de los tallos, casi invisible, que sostenía y daba forma a las flores. Pensé en ese momento: *"Dios es igual con nosotros. No lo vemos, pero siempre nos sostiene"*.

Al fondo, sobre el altar, estaba un Cristo enorme, que te mira a los ojos esperando por tu amor. Arriba de él, colocaron esta frase latina: "Caritas Christi Urget Nos". Que traducida significa:

"Nos urge la caridad de Cristo"

Luego por la tarde meditaba en las cosas que me ocurren y hasta me molesté con Él. A Veces la cruz se me hace muy pesada.

— ¿En qué momento me vas a quitar estos problemas? —le reclamé.

Y es que siempre, cuando hay algo que no puedo solucionar, acudo a Jesús. Es mi amigo.

—Mira Jesús —le digo —, yo no sé cómo arreglar esto. Encárgate tú.

Entonces me olvido del asunto sabiendo que ha quedado en buenas manos. Llevo más de cuarenta años descubriendo un tesoro inagotable. Jesús siempre interviene y lo que me parecía imposible, de pronto no es más que un poco de arena que esparce el viento. Polvo que desaparece en el horizonte.

Dios escucha la oración de los niños, porque son almas puras. Él merece que le ofrezcas un alma pura, libre de pecados. Pensé en esto: *Iré a confesarme. Luego hablaré con Dios.* Ya Tomás de Kempis había escrito en su "Imitación de Cristo": "*¿Por qué tienes miedo de llevar la cruz, esa cruz por la cual se llega al Reino?*" Fui a la Iglesia. Participé de la Hora Santa y de la Misa.

—Señor, ¿qué ocurre? —volví a preguntarle — ¿Por qué no me quitas este problema?

Me acordé en ese momento de la historia simpática que me contó un diácono días atrás:

"Cierto hombre le pidió a Dios que le quitara su cruz. Como Dios no le hizo caso, le devolvió la cruz.

—No la quiero —le dijo.

Y vivió feliz. Sin problemas, sin sufrir.

A los años se murió. Su alma se encontró camino al cielo con otras muchas almas que marchaban en fila hacia el Paraíso. De pronto se vieron frente a un precipicio insalvable.

— ¿Y cómo vamos a cruzar? — preguntó —. No hay forma de hacerlo.

Entonces el que iba delante tomó la cruz que llevaba sobre su hombro y la colocó encima del precipicio. Así pudo cruzar. Le siguieron uno tras otro, cada cual usando su cruz como un puente.

—Señor —exclamó el hombre —devuélveme mi cruz. Mira que no he podido cruzar.

—Hay un tiempo para todo —le respondió Dios —. El tuyo ya pasó.

Reconocí entonces la sabiduría de Dios, que todo lo hace para nuestro bien. Nos ama tanto, inmensamente, que sólo podemos esperar su amor. Por eso, decidí aceptar esta pequeña cruz que Él ha querido poner sobre mis hombros, y que no es nada en comparación al premio que nos espera por ser hijos fieles.

.

FOTO No. 24

"El domingo todos se dediquen a la lectura, excepto los que estén encargados de algún servicio. Si hay alguien tan perezoso o abúlico que no quiere o no puede meditar o leer, désele algo que hacer para que no esté ocioso."

(Regla de San Benito)

A pesar de los años no dejo de pensar lo bueno que es Dios.

"Cerca está el Señor de todos los que le invocan, de todos los que le invocan con verdad". (Salmo 45, 18)

He visto muchas vidas pasar frente a mí, y sé lo efímero que es nuestro paso por la tierra. Es un viaje muy corto, que debemos aprovechar. Ir por la vida haciendo el bien, mientras podamos; estar sin apegarnos a las cosas temporales, amando a Dios, confiando en Él, y, sobre todo, preparar nuestro pasaporte a la vida eterna.

PRESENCIA DE DIOS

Aprende a reconocer la presencia del buen Dios en los pequeños detalles de la vida diaria, en un hermano enfermo, necesitado de ti, en un anciano que no puede valerse por sí mismo, en el que sufre, el que es feliz, el que empieza la vida, en la naturaleza, su creación. Que todo te recuerde a Dios. Le contaba a un amigo las experiencias que paso con el buen Dios. Las gracias cotidianas. Y él me decía: *"Yo también recibo esas gracias. Lo que ocurre es que he sido un ciego y no las he visto"*.

Con el tiempo comprendes que sólo Dios puede darle sentido a tu existencia. Muchos lo descubrieron, por y empezaron a valorar más la vida sobrenatural. Retomaron el sendero perdido en la juventud; el camino de la fe, la oración, la confianza en Dios, el sentir que somos parte de la familia de Nazaret, acogidos siempre por Jesús, José y María. Me pasó igual. ¿Cómo expresar todo esto que descubríamos? *Viviéndolo.* Siendo un signo de contradicción. Cambiando radicalmente, sin importar los miramientos humanos, lo que otros podrían pensar.

Hace algunos años me encontraba sumergido en esta búsqueda. Y un buen día quedé impactado por un video que vi de Chiara Lubich, la fundadora del Movimiento de los Focolares.

Era un encuentro con los jóvenes artistas. Ella les sugirió que aprovecharan cualquier ocasión para hablar de Dios.

"No se cansen nunca de hablar de Dios", les recomendó. *"**Escriban de Dios**. Donde quiera que vayan, hablen de Dios. Que Dios vuelva a estar de moda".*

Me tomé muy en serio estas palabras que invitaban a desplegar las velas del alma y dejar que Dios soplara esa brisa fresca que nos lleva a donde él lo desea.

Dios, el creador, el Padre, el Eterno, el bueno, el justo, el Todopoderoso...

Elevé mis plegarias a través de los salmos y descubrí a un Dios paternal y bueno.

"El cielo proclama la gloria de Dios,
el firmamento proclama la obra de sus manos.
Cada día le pasa este mensaje al día siguiente,
y cada noche lleva a la otra noche esta
bella voz".

Dios mío... ¡Qué hermoso es tu nombre! Aprendí que debía abandonarme en los brazos del Padre, buscar *"el santo abandono"*, dejarme conducir por su Espíritu, aceptar la voluntad de Dios. No fue fácil al principio, y aún sigue costando. Pero su presencia y su Amor, le dan sentido a tu esfuerzo. Dios no espera menos de ti. Que sueñes, que trates, es lo que pide. Conoce tu corazón. Sabe de qué estamos hechos.

MANUAL DE VIDA

¿Buscas un Manual de Vida que te oriente?
Los laicos, esposos, empresarios, todos, podemos
aprender mucho de la Regla de San Benito y la
vida monacal sobre todo en lo que se refiere a
organizar nuestros días, sacarles provecho
y dar frutos de eternidad.

Su Regla tiene enseñanzas EXTRAORDINA-RIAS. Es un MANUAL DE VIDA que todos podemos usar. Está a nuestro alcance. Basta leerlo, aprender de él y aplicarlo en la vida cotidiana.

Observa que no he mencionado a las mujeres, aunque la Regla es para todos. Ellas, lo veo en Vida mi esposa, son por naturaleza organizadas, más capaces que los hombres y nos llevan una gran ventaja. Tienen su día planificado en diferentes ritmos.

Mi esposa sabe exactamente qué hacer a cada instante organizando el día, a los hijos y la casa. Suelo despertar y le pregunto: "Qué vamos a hacer hoy?" Ella responde: "Cuando terminé de hacer el desayuno, recoger la ropa que han dejado tirada, arreglar el baño, hacer la compra de comida, dejar el almuerzo preparándose, la casa limpia, entonces veremos... **Su trabajo es oración** porque lo hace dignamente, con amor. Nunca se cansa.

Compartimos muchas actividades, pero lo que más disfruto es **sentir su cariño** y amor aún después de 35 años de casados.

Recuerdo haber visto la charla del director de una Academia Militar. Les decía a las personas que asistieron a la graduación de sus hijos: *"¿Quieres cambiar el mundo? Tiende tu cama".* Se detuvo miró al. Auditorio que lo escuchaba asombrado y continuó... *"Este sencillo gesto al despertar, te dará responsabilidad y energía para que emprendas otros actos de mayor envergadura".*

Empieza por lo pequeño y podrás hacer lo grande. Organiza tu día para que sea productivo de forma espiritual y material pues somos cuerpo y espíritu. Encomienda tu día y tu vida a Dios.

Una forma eficiente de hacerlo es anotar cada noche las **10 actividades** más importantes que debes hacer al día siguiente. Cumple cada una. Incluye un rato de oración y un tiempo de calidad para la lectura de la santa Biblia.

De los monjes y sus actividades diarias podemos hacer una NORMA DE VIDA y aplicarla a nuestras vidas cotidianas, para ser eficientes, productivos y llevarnos a la santidad. ¿La clave? La dio San Benito: "Rezar y trabajar".

El trabajo noble, bien hecho, dando lo mejor de nosotros y ofrecido a Dios, siempre le es grato y da buenos frutos.

Nos enseña San Benito los peligros del ocio y la Importancia del silencio, el trabajo, la humildad, la oración y saber escuchar. Todo esto puedes aplicarlo a tu vida para darle un nuevo sentido y recuperar tu esperanza, la alegría de saber que Dios nos ama y que todos, tú y yo, SOMOS HERMANOS.

Cada mañana al despertar le agradezco a Dios la oportunidad que me da de vivir un nuevo amanecer y le ofrezco mi día.

La vida a pesar de las dificultades, los sufrimientos y la adversidad, es un don que se nos da. Dios te brinda la posibilidad de realizar grandes obras, conquistar tus sueños y ganarte el cielo. Sé agradecido y no desperdicies esta maravillosa oportunidad que se te da.

Nadie puede escapar a la mirada de Dios.

*"Cuando renuncies a oprimir a los demás y destierres de ti el gesto amenazador y la palabra ofensiva; cuando compartas tu pan con el hambriento y sacies la necesidad del humillado, **brillará tu luz en las tinieblas** y la oscuridad será como el mediodía".* (Is 58, 10)

FOTO No. 27

Cerca de mi casa hay una Iglesia. Las campanas en el campanario doblan cada hora.

Cada vez que las escucho recuerdo la cercanía de Dios, y elevo al cielo esta hermosa oración: *"Te adoramos oh Cristo y te bendecimos, porque por tu santa Cruz redimiste al mundo"*.

¿CÓMO GANARNOS EL CIELO?

Hoy, cuando salí del trabajo, me sentí un poco apesadumbrado. La verdad es que vivimos en un mundo tan violento que es difícil encontrar la santidad. Las tentaciones abundan, los malos ejemplos sobreabundan.

Pareciera que hemos perdido la fe. Generalmente, cuando me siento así, busco un sacerdote para confesarme y pedir su consejo. Iba pensando en esto, camino a la Iglesia.

¿Cómo entrar al Paraíso? ¿Cómo lograr la santidad? ¿Cómo agradar a Dios? Encendí la radio y sintonicé una emisora católica en la que oraban con este salmo:

"Señor, ¿quién entrará bajo tu tienda y habitará en tu montaña santa? El que es irreprochable y actúa con justicia, el que dice la verdad de corazón y no forja calumnias; el que no daña a su hermano ni al prójimo molesta con agravios". (Salmo 15)

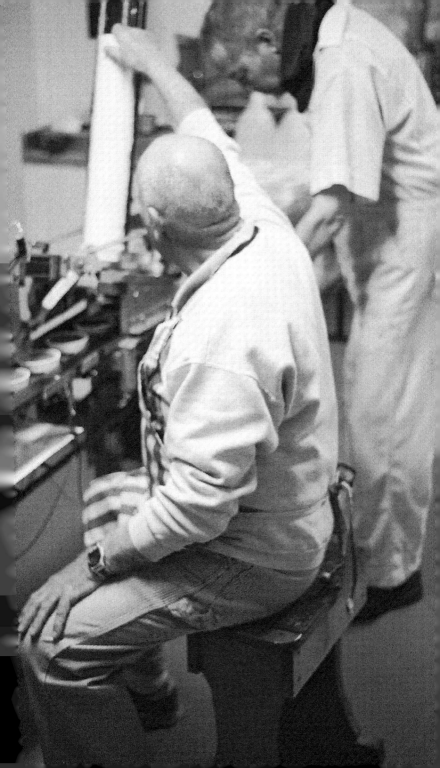

FOTO No. 29

San Benito no duda de repetirlo y lo escribe en su regla monástica:

"La ociosidad es enemiga del alma".

Y añade:

"...así son verdaderos monjes, cuando viven del trabajo de sus propias manos".

Se preocupa mucho del crecimiento espiritual de los frailes. Les enseña a unir la oración con el trabajo y convertir éste en oración grata a Dios. Sabe que el trabajo es una actividad que fortalece el cuerpo, distrae la mente de los malos pensamientos y trae muchas bendiciones.

* * *

Ven, refréscate. Descansa.

Yo soy el agua viva. El Camino.

La verdad y la vida.

No busques más. Yo estoy contigo.

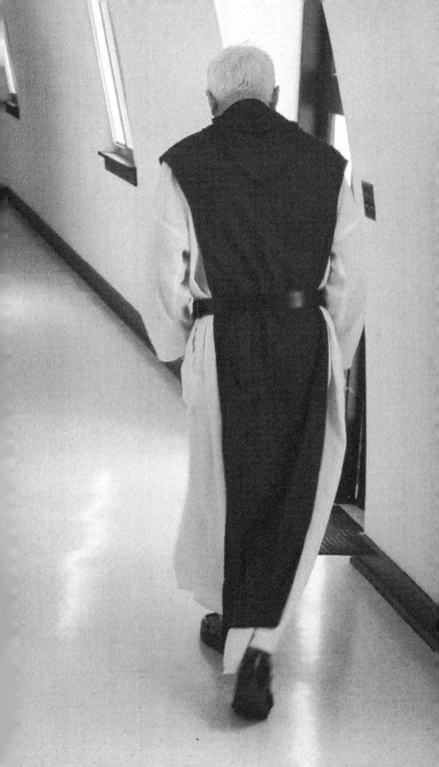

¿CUÁL ES EL CAMINO?

Dios me estaba hablando, como nos habla a todos en la Biblia. Pero yo sentía que esta vez me hablaba a mí. Me mostraba el camino. Respondía mis inquietudes. *¿Qué nos decía Dios?* Que debemos actuar con justicia, que hay que decir la verdad de corazón y no dañar ni desear mal a los demás.

Los santos lo descubrieron desde el principio de la cristiandad. Por eso San Agustín repetía:

"Ama, ama bien, y luego haz lo que quieras, porque quien ama verdaderamente a Dios, no será capaz de hacer lo que a Él le desagrade y en cambio se dedicará a hacer todo lo que a Él le agrada".

Ten presencia de Dios en tu vida. Busca la perfección en el Amor.

Pero, somos tan débiles... ¿Quién podrá lograrlo? ¿Cómo perdonar tantas ofensas con que nos lastiman a diario? ¿Cómo voy a reconciliarme con mi hermano?

No te desanimes. Dios te ama, te conoce, y no te abandonará a mitad del camino. La verdad es que ha *enloquecido* de Amor por nosotros.

Tu vida de pecados, te aleja de Dios. Debes entonces enmendarte e iniciar un nuevo camino. ¿Cómo? Reconciliándote con el Padre.

¿Y para fortalecerme? ¿Cómo voy a superar mis debilidades?

La Eucaristía es la fuente de la que recibirás los dones del cielo. Por eso la *comunión diaria* es tan importante en nuestros tiempos.

¿Y luego?

Luego camina por el sendero del bien. Aprende a confiar. Participa con entusiasmo en las actividades de tu parroquia. Anima a tus sacerdotes. Lleva la buena Nueva a un mundo cansado y triste. Eres hijo de un Rey. Su Misericordia y su gracia nunca te faltarán

**¿Hace cuánto que no hablas con Dios?
Acércate, vamos...**

*"Sólo en Dios tendrás tu descanso, alma mía,
pues de él me viene mi esperanza". (salmo 62)*

LOS INSTRUMENTOS DE
LAS BUENAS OBRAS

Ante todo, *"amar* al Señor Dios con todo el corazón, con toda el alma y con todas las fuerzas", y además "al prójimo como a sí mismo". Y no matar. No cometer adulterio. No hurtar. No codiciar. No levantar falso testimonio. Honrar a todos los hombres y "no hacer a otro lo que uno no desea para sí mismo".

Negarse sí mismo para seguir a Cristo. Castigar el cuerpo. No darse a los placeres, amar el ayuno. Aliviar a los pobres, vestir al desnudo, visitar a los enfermos, dar sepultura a los muertos, ayudar al atribulado, consolar al afligido.

Hacerse ajeno a la conducta del mundo, no anteponer nada al amor de Cristo.

No consumar los impulsos de la ira ni guardar resentimiento alguno.

No abrigar en el corazón doblez alguna, no dar paz fingida, no cejar en la caridad.

No jurar, por temor a hacerlo en falso; decir la verdad con el corazón y con los labios.

No devolver mal por mal, no inferir injuria a otro e

incluso sobrellevar con paciencia las que a uno mismo le hagan, amar a los enemigos, no maldecir a los que le maldicen, antes bien bendecirles; soportar la persecución por causa de la justicia. No ser orgulloso, ni dado al vino, ni glotón, ni dormilón, ni perezoso, ni murmurador, ni detractor.

Poner la esperanza en Dios.

Cuando se viera en sí mismo algo bueno, atribuirlo a Dios y no a uno mismo; el mal, en cambio, imputárselo a sí mismo, sabiendo que siempre es una obra personal. Temer el día del juicio, sentir terror del infierno, anhelar la vida eterna con toda la codicia espiritual, tener cada día presente ante los ojos a la muerte.

Vigilar a todas horas la propia conducta, **estar cierto de que Dios nos está mirando en todo lugar.**

(Regla de San Benito)

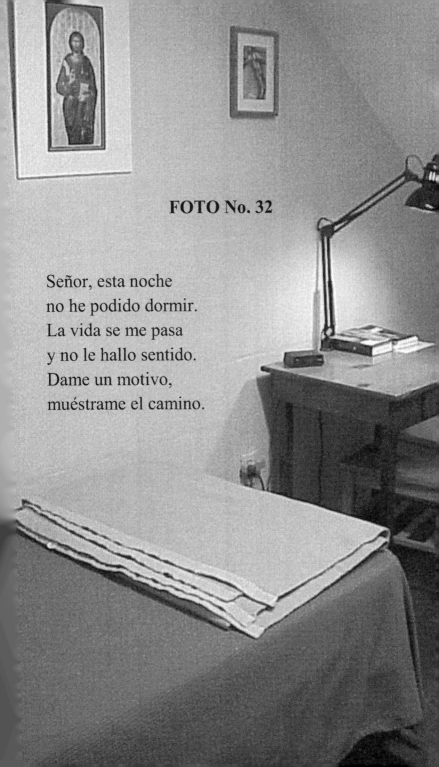

FOTO No. 32

Señor, esta noche
no he podido dormir.
La vida se me pasa
y no le hallo sentido.
Dame un motivo,
muéstrame el camino.

Ojalá en los portales de las Iglesias colocaran estas palabras de Pedro: *"¿A quién iremos Señor? Sólo tú tienes palabras de vida eterna"*.

NO SE INQUIETEN POR NADA

Que no te falten la ternura y la esperanza.

Todo ocurre para bien de los que aman a Dios.

Nunca es tarde para reencontrarse con Dios.

¡Buenos días! Tú que lees esto. ¡Buenos días a la vida! ¿No es maravillosa?

El Santo Escapulario y el Rosario... llévalos siempre contigo.

Déjate tocar por el Amor de Dios.

Recibe una caricia del Paraíso.

Tu alma anhela el cielo, no le cierres las puertas a la Eternidad. Sé santo.

Aprende a confiar plenamente, en el buen Dios.

Invita a María, para que acuda en tu auxilio.

El amor será el signo que llevarás contigo.

Nada agrada más a Dios que un corazón puro y generoso.

¿Cómo se sentirá Dios, que conoce nuestros secretos?

¿Seremos capaces de abandonarlo todo y seguir a Jesús?

¿Conoces a Jesús? ¿Le amas?

¿Eres cristiano? Que te reconozcan por el amor.

Recibe a María por Madre.

Supera tus limitaciones. Tienes la ayuda del cielo. No te dejes vencer.

El más pequeño de los pecados, es algo espantoso a los ojos de Dios. Ensucia tu alma. Te quita la gracia santificante. Te aleja del cielo.

La santidad y la perfección se alcanzan amando a Dios sobre todas las cosas.

Ten más vida interior.

**Alejados del mundo,
hemos encontrado a Dios.**

Hoy me visitó una Sierva de María. Le conté que fueron mis vecinas cuando vivía en Colón.

—De niño —le dije —quería ser santo.

— ¿Y ahora? — preguntó ella.

—Ahora más. — le respondí.

Dedica el tiempo que necesites
a la oración.

"Ya lo ves, soy feliz. Me he encontrado con Dios".

1. Pídele a Dios su amor inmenso para que puedas amarlo con toda el alma y el corazón.

2. Agrada a Dios con tus actos y tus pensamientos.

He salido de mi aposento, para orar. Nada me hace más feliz.

Hablar con Dios. Saber que me escucha, que nunca andaré a oscuras.

APRENDE A CALLAR

Los ruidos del mundo te distraen con demasiada frecuencia. Necesitas el silencio y la oración para escuchar a Dios.

Me recuerdas al hombre que apostó que podría rezar un Padre Nuestro sin distraerse. Habían acordado como premio, un caballo. Empezó a rezar mientras caminaban:

"Padre Nuestro que estás en el cielo, santificado sea tu nombre. Venga a nos tu reino..."

Aquí interrumpió bruscamente la oración para aclarar:

— Pero el caballo, ¿es con montura o sin montura?

FOTO No. 38

¿Te has detenido alguna vez a observar el mundo que Dios creó?

"Mi alma suspira y hasta languidece por los atrios del Señor; mi corazón y mi carne gritan de alegría al Dios que vive". (Salmo 84, 3)

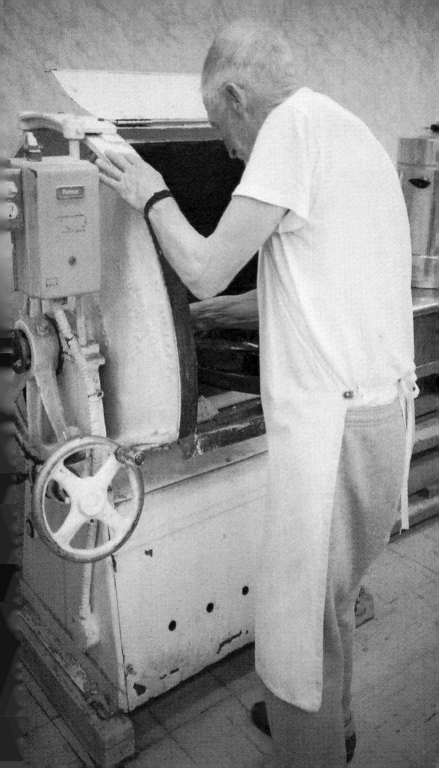

FOTO No. 39

"Si alguno me ama,
guardará mi palabra,
y mi Padre le amará,
y vendremos a él,
y haremos morada en él".

(Jn 14, 23)

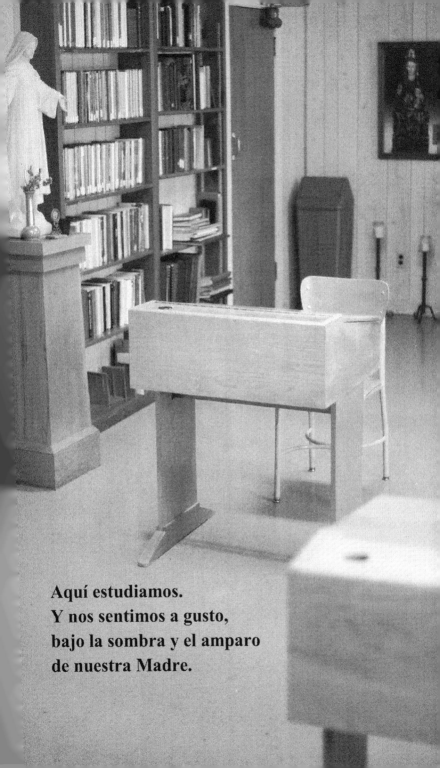

Aquí estudiamos.
Y nos sentimos a gusto,
bajo la sombra y el amparo
de nuestra Madre.

"Dios es para nosotros refugio y fortaleza, un socorro en la angustia siempre a punto. Por eso no tememos si se altera la tierra, si los montes se conmueven en el fondo de los mares, aunque sus aguas bramen y borboten, y los montes retiemblen a su ímpetu". (Salmo 46, 1- 4)

LOS SACERDOTES

Pienso mucho en los sacerdotes porque sin ellos no tendríamos a Jesús Sacramentado. Sin ellos nadie administraría los sacramentos, ¿cómo salvarnos entonces?

Por naturaleza somos pecadores y, al menos para mí, es un gran consuelo el sacramento de la Reconciliación. Saber que entro sucio, lleno de pecados a ese cuartito donde espera paciente un sacerdote. Tal vez cansado de pasar tanto tiempo allí. Pero lleno de amor, sabiendo que es otro Jesús. Y que salgo con el alma limpia, dispuesto a ser mejor. Con la gracia que te fortalece y te ayuda a luchar contra el pecado.

Los sacerdotes brillan con la luz de Cristo. Por eso les escucho con tanto fervor. ¿Te parece muy larga una homilía? Mira otra vez y ya no verás al sacerdote. Verás a Jesús que te habla. Es una vida hermosa la del sacerdote que se entrega por Cristo. Y es una vida dura también. Por eso siempre nos piden que recemos por los sacerdotes, que los apoyemos. Que *"jamás"* hablemos mal de un sacerdote.

Mi esposa, Vida, me cuenta que San Josemaría Escrivá solía comparar el sacerdocio con el vino bueno. No importa si el vino es vaciado en una botella fina o en un frasco poco elegante.

El vino seguirá siendo de la mejor calidad. Igual es el sacerdote. No dejo de pensar que Cristo habita en ellos, y que nos habla con frecuencia, por eso hay que escucharlos con cariño y respeto. *"Quien les escucha a ustedes – les dice Jesús -, me escucha a mí; quien les rechaza a ustedes, me rechaza a mí; y el que me rechaza a mí, rechaza al que me ha enviado"*. (Lucas 10, 16)

Qué felices si todos los sacerdotes fueran santos, a pesar de sus debilidades, que todos las tenemos, como seres humanos.

Los mejores consejos los he recibido de un sacerdote. Veo su humanidad, pero más que eso, veo al Cristo que habita en ellos. Para mí son un signo visible de la bondad de Dios. Por eso les tengo tanto respeto y cariño. A veces miro sus manos gastadas por la vida y pienso: "Esas manos santas nos traen a Jesús todos los días". ¿Acaso agradecemos tanto favor? Es mucho el bien que recibimos de ellos.

Lo recordaba un padre en su homilía: "Un sacerdote está siempre contigo en los momentos más importantes. Cuando te bautizan, cuando haces tú confirmación, cuando necesitas consuelo y ayuda, cuando te casas. Y cuando enfrentas la muerte, un sacerdote es quien reza por ti, para que se abran las puertas del cielo".

Recuerdo este sacerdote anciano con el que me solía confesar. Le agradaba hablarme con un tono paternal, pero también hubo ocasiones en que debió ser firme al decirme las cosas y yo sabía que tenía razón, que lo hacía por el bien de mi alma. Un día lo encontré triste. Y al terminar la confesión le pregunte.

—Perdoné —le dije —. Lo siento diferente. ¿Le ocurre algo?

—Hoy es mi cumpleaños. Y nadie me ha llamado. Tengo una hermana que vive en España, es mi único familiar y tampoco sé de ella.

Eran ya las seis de la tarde. Le sonreí con cariño y exclamé:

—¡Feliz Cumpleaños Padre!

Me miró y sonrió.

—Usted es nuestro padre espiritual — continué —de manera que nosotros, todos los que nos confesamos con usted y que asistimos a sus misas, somos sus hijos espirituales. Somos su familia. Y le queremos. Usted no está solo. Tiene a Jesús, que le ama mucho, y a María que le quiere inmensamente. Usted dio su vida por Dios, y Él sabrá premiarlo en su momento.

Anoté la fecha de su cumpleaños y cada año solía enviarle una tarjeta con algún presente.

— Sé santo –aconsejaba —. Que de ti se diga: "pasó por el mundo haciendo el bien". No manches tu alma con el pecado.

¿Existe acaso alguna forma de pagar tanta gracia? Sí la hay. Queriendo mucho a los sacerdotes. Apoyándolos. Rezando por ellos, para que el buen Dios les fortalezca, y los guarde de todo mal. Y sobre todo pidiendo mucho por las vocaciones sacerdotales. Que Dios nos dé sacerdotes. Santos sacerdotes. Para que nos iluminen y nos muestren el camino al Paraíso. Te pido, si eres sacerdote que nos ayudes a ser santos, con tu ejemplo y tu santidad.

Dios hace su obra en nuestra pequeñez. Allí está el caso simpático del cura de Ars, san Juan Vianney, patrono de los sacerdotes, a quien sus profesores consideraron incompetente para confesar porque no tenía la ciencia necesaria y era poco aventajado en los estudios. Resultó que las personas hacían largas filas desde la madrugada para poder confesarse con este santo sacerdote. Dios da la gracia que necesitamos para el apostolado que nos confiere. Tal vez por eso resuenan las palabras de María: "Hagan lo que él les diga". Y podemos hacerlo, sin miedos, seguros. El camino será difícil, pero espléndido a la vez. Lleno de Dios. Y triunfos constantes. Y almas que se salvarán en el camino. Porque para Dios *"nada es imposible"*-

Te pido humildemente que al administrar los sacramentos lo hagas dignamente y con amor. Que vivas ilusionado por Jesús. Y que, al dar la comunión, te cuides mucho de no dejarlo caer.

Usa siempre una bandeja de comunión, o una patena. Cuida mucho a Jesús, quiérele más. Tenlo presente en tu corazón y tu alma y tu vida.

Tu fortaleza será nuestra fortaleza. Tus consejos nos guiarán por la vida.

Por eso necesitamos tanto de ti. Eres nuestro pastor, nosotros tus ovejas. Y muchas veces estamos descarriados.

Te pido que nos enseñes a recibir dignamente a nuestro Señor. Sobre todo, cuando lo recibimos en la mano. Veo tanta gente que, al tomarlo así, se limpian luego como si tuviesen migajas de pan. las partículas no dejan de caer, y tú lo sabes bien: *"en cada partícula está nuestro Señor".*

Por favor, hermano sacerdote, no calles cuando debes hablar. Cristo habita en ti. Por eso hazte siempre esta pregunta que solía hacerse un santo sacerdote: ¿qué haría Cristo en mi lugar?

Ten más intimidad con el Señor. No dejes que el mundo te absorba con sus problemas. Lleva una vida interior rica, plena, llena de Dios.

Una amiga me aconsejó una vez: "Usted viva en la presencia de Dios. Él se encargará de lo demás".

He conocido tantos sacerdotes santos. Me emociono al acercarme a ellos y verlos celebrar la misa. Siempre están alegres. Y son muy bondadosos. Están llenos de Dios. Y lo llevan a los demás. Con cuánta delicadeza toman a nuestro Señor durante la consagración. Y los cuidados nunca son suficientes al momento de repartir la comunión.

Te pido si eres sacerdote, que enciendas nuestros corazones con el amor de Jesús Sacramentado. Hemos perdido tanto en el camino.

Nunca te desanimes. A pesar de los desaires que los laicos podamos darte. Ten presente que Jesús nunca se desanima. Es verdad, los laicos no siempre te agradecemos, ni te apoyamos, y a veces hasta te dejamos solo.

Los laicos tenemos mucho que aprender. Y queremos hacerlo. Enséñanos tú. Eres nuestro guía. No dejes que nos perdamos.

Te pido, si eres laico, que reces mucho por los sacerdotes. Que los apoyes siempre que puedas. Que seas un amigo sincero y generoso. Ya ves, un sacerdote es otro Cristo.

¡Un Cristo de verdad!

Pronto caeré, pero es
por amor.

FOTO No. 43

Mientras te escribo, bulle en mi alma una jaculatoria hermosa, dedicada a la Virgen, como expresión de amor y fidelidad:

"Oh María, Madre mía, yo te doy
mi corazón y el alma mía".

Deja a un lado tus temores. Si te pierdes, La Virgen te rescatará, ella te mostrará el camino que lleva a Jesús. Da testimonio con tu vida, sé ejemplo que le perteneces al Señor.

Conságrate al Señor. ¡Animo!

Vive para Jesús, Sé de Jesús. Esta es la verdadera felicidad.

Él te acompañará siempre, y te animará en el camino que lleva a la cima, en la Montaña de Dios.

Hijitos: Oren.

Mi Corazón Inmaculado será su refugio en las adversidades y el peligro.

LA VIRGEN MARÍA

"Quien busca a Jesús por María, asegura la paz y la serenidad de su alma.". (San Benito)

Hoy pasé al medio día a una capilla cercana a mi trabajo para saludar a Jesús. Me quedé un rato acompañándolo y aproveché para saludar a su Madre.

Tienen una imagen hermosa de la Virgen Santísima a la que acudo cuando mis problemas son muchos.

Acudir a María ha sido mi secreto por años. Su amor maternal me acompaña siempre, a lo largo de la jornada. No quería pedirle tantas cosas y le escribí a un amigo contándole.

—Sólo le diré que la quiero mucho. Ella sabrá si me concede lo que tanto necesito.

— ¿Acaso no es tu madre? —me respondió—No te canses de pedirle a María, ni te canses de decirle que la quieres.

Seguí su consejo y me quedé charlando un rato con ella. Me encanta ir a saludarla. Encuentro la capilla tan sola a veces, y a Jesús abandonado en aquél Sagrario, esperando por nosotros desde la eternidad. Me recuerda la capilla a la que solía ir cuando era niño, en el primer alto de mi escuela. En ella me quedaba por horas, sintiéndome en las nubes de la felicidad que llevaba dentro; acompañando a Jesús Sacramentado, mi amigo... escuchándolo en el silencio.

Antes de irme y regresar al trabajo, me vino a la mente este pensamiento:

"¿Qué puedo ofrecerle a Jesús? No soy un santo, y todo lo mío le pertenece, inclusive la vida misma. No tengo nada que darte".

Pensé entonces en el salmo 50:

*"No tomaría un toro de tu establo, ni un chivo de tu corral, pues **mío es** cuanto vive en la selva y los miles de animales en los montes.*

Conozco todas las aves del cielo. Y mío es cuanto se mueve en el campo. Si tuviera hambre no te lo diría, Pues mío es el orbe y lo que encierra".

O how could we sing
the song of the Lord
on alien soil?

If I forget you, Jerusalem,
let my right hand wither!

O let my tongue
cleave to my mouth
if I remember you not,

if I prize not Jerusalem
above all my joys!

Remember, O Lord,
against the sons of Edom
the day of Jerusalem,

when they said: "Tear it down!
Tear it down to its foundations!"

O Babylon, destroyer,
he is happy who repays you
the ills you brought on us.

He shall seize and shall dash
your children on the rock!

Psalm 110

The Lord's revelation to my Master:
"Sit on my right,
your foes I will put beneath your feet."

The Lord will wield from Zion
your scepter of power:
rule in the midst of all your foes.

A prince from the day of your birth
on the holy mountains;
from the womb before the dawn I begot you.

The Lord has sworn an oath he will not change.
"You are a priest forever,
a priest like Melchizedek of old."

The Master standing at your right hand
will shatter kings in the day of his wrath.

He, the Judge of the nations,
will heap high the bodies;
heads shall be shattered far and wide.

He shall drink from the stream by the wayside
and therefore he shall lift up his head.

Psalm 112

Happy the man who fears the Lord,
who takes delight in all his commands.

FOTO No. 44

"Me gusta que reces.

Cuando oras estamos tan cercanos
que casi podemos tocarnos".

"El Señor es mi luz y mi salvación, ¿a quién he de temer? Amparo de mi vida es el Señor, ¿ante quién temblaré?

(Salmo 27, 1)

Dios te ha encomendado una misión. Y el tiempo es corto. Llegará el día en que te pedirá cuentas de lo que hiciste con ese regalo maravilloso que te concedió: *la vida.* ¡Vamos! Apura el paso. Hay mucho por hacer.

Ojalá ese día podamos decirle:
"Señor, nada tengo, porque todo te lo di".

UN ENAMORADO DE JESÚS

Tengo un amigo al que Jesús lo cambió. Es un enamorado de Jesús, uno de esos "locos enamorados" que han perdido el miedo al qué dirán y habla abiertamente de Jesús. Creo que te agradaría conocerlo. Una vez lo escuché hablar en un programa de radio. Me emocioné al comprobar tanto amor por la Eucaristía, por la Iglesia, por Dios... Sus palabras se llenaron de dulzura cuando pronunció el nombre de "Jesús".

"Jesús ha ido transformando mi vida y la tuya y la de tantos que nos hemos vuelto al Señor de todo corazón. Y que no quepa duda, ya no pertenecemos al mundo, pertenecemos a Jesucristo. Yo lo digo con toda confianza y lo digo hasta con orgullo, porque mi orgullo es Jesús.

En mi corazón hay un sello. Y ese sello dice: "JESÚS".

*Acostúmbrate a decir: "**Jesús te amo**", "Jesús yo siempre te amaré". Dile varias veces al día: "Jesús te amo", esto ha de ser una jaculatoria, pero también una oración, "Jesús, yo te amo". Díselo, hermano, porque Él es el amor y cuando tú dices: "Jesús yo te amo".*

*Él te inunda con su Amor, y cuando ese amor te inunda, no puede caber la tristeza. Por eso es que decimos que no puede haber cristianos tristes. Los cristianos tristes son aquellos no tienen a Cristo, porque no conocen a Jesús. Tienen a un Jesús histórico, a un Jesús que todavía está en el sepulcro. El Jesús que nosotros tenemos está con nosotros donde quiera que estemos. **El pasado atrás quedó, sepultado. Quedó en el sepulcro, porque la vida nueva que tenemos es la vida de Jesucristo.***

Deja que Jesús permanezca siempre, no solamente en tus labios, sino en tu corazón. Ese es el santuario de Jesús. Que tu corazón sea un santuario para Jesús, que Cristo pueda entrar, morar y estar allí permanentemente contigo".

¿Qué hace ahora este amigo con su vida? El Amor Divino entró en su alma, sanó su vida, perdonó sus pecados, y ahora vive con Jesús en su corazón. Vive para Jesús. Solemos encontrarnos y nos maravillamos de las cosas que Dios hace con nosotros. A veces le pregunto:

— ¿A dónde te lleva Dios?

Y sonreímos felices, porque Dios siempre nos llena con proyectos nuevos.

Hoy estuvimos conversando y le volví a preguntar:

— ¿Dónde te lleva Dios?

—A Jesús —respondió.

—Y, ¿a dónde te lleva Jesús?

—A Dios.

* * *

Jesús y yo solemos ser grandes amigos.

Cuando lo visitas parece decir:

—Me encanta que me llames amigo.

Entablamos largas conversaciones y hasta discutimos. Bueno, en realidad yo soy el que habla y él escucha. A veces yo hago silencio y sencillamente nos acompañamos. En ocasiones llego cansado y le digo:

—Señor, voy a descansar un ratito.

Y me quedo dormitando en una banca de la Iglesia. Su presencia sobrecoge y te llena de emoción. Sé que es Dios y que es mi amigo. Y me cuida, y me guarda de todo mal.

¿Qué más puedo pedir?

¿Ves el orden? Todo en su sitio.

La vida debe ser así: reservar un momento para el trabajo, otro para la oración, otro para el servicio, otro para la alegría, otro para dar frutos y siempre para vivir conforme a la voluntad de Dios, *amándolo sobre todas las cosas.*

"Cuando emprendas una obra buena haz de pedir constantemente a Dios que la lleve a feliz término".

(Regla de San Benito)

ESPERANDO EL REGRESO DE JESÚS

"El Señor está cerca. No se inquieten por nada, antes bien, en toda ocasión presenten sus peticiones a Dios y junten las acciones de gracias a la súplica. Y la paz de Dios, que es mayor de lo que se puede imaginar, les guardará sus corazones y sus pensamientos en Cristo Jesús".

(Filipenses 4, 5-7)

Los amigos de Jesús *siempre* están a la espera. En misa solemos pedirle: *"Ven Señor Jesús".* Cuando yo lo digo pienso en él y lo grandioso de ese momento. Su regreso se ha visto empañado con tantos miedos, ocasionados por el pecado.

En vez de esperar al amigo, se asustan pensando en el que ha de juzgar a las naciones. ¡Qué poco lo conocemos!

Tengo un amigo que es un enamorado de Jesús, en ocasiones hablamos sobre la vuelta de nuestro Señor. Él, luego de suspirar emocionado, exclama:

—*¡Qué grande será ese momento!*

Cada uno será juzgado no tanto por sus obras, sino por el amor que puso en ellas. La medida del amor, será la medida del juicio.

No bastan tampoco los buenos propósitos. Hay que llevarlos a cabo, para recibir la gracia, para hacer méritos y poder entrar al Paraíso.

Recuerdo a un sacerdote amigo que decía en su homilía a un grupo de maestros: "Nadie puede fracasar en este examen. Tenemos incluso la pregunta que nos harán el día del juicio: **"¿Amaste?"**

¿Qué puede preocupar a los amigos de Jesús, si Jesús ya vive en sus corazones? Como San Pablo nos dicen: *"No soy yo, es Cristo quien vive en mí"*. La venida gloriosa del Salvador no será más que una gran fiesta para ellos, el momento anhelado. Sentirán la mirada benevolente y amable de Jesús. Le imagino diciéndoles: *"Gracias, por ser mis hermanos"*.

Me ha tocado ir al aeropuerto para recibir a mi cuñada con sus hijos y mientras espero me detengo a observar a las personas que están allí esperando un familiar. Tienen una emoción que se les desborda cuando anuncian la llegada del avión. A cada instante se asoman al corredor por donde deben salir los pasajeros.

De pronto las miradas se iluminan, una sonrisa se les dibuja en el rostro. Algunos hasta lloran de la felicidad. Y se arrojan en brazos del ser amado. Luego algunas palabras y por último les ayudan con las maletas.

Espera a Jesús como a un ser amado que llega de viaje sorpresivamente.

¿Qué sentirías si de pronto el Papa tocara tu puerta? Abres y te encuentras frente a él. Sorpresa. Alegría. Ilusión. Deseos de llamar a todos tus familiares para contarles. Luego tratas de ir recogiendo en el camino las cosas que están tiradas, el sofá que no arreglaste, los platos sucios, que no los vea el Papa... Le darás tu mejor silla, prepararás la mejor bebida para ofrecerle. Y te sentarás aún con la respiración agitada, para escucharlo y estar cerca de él.

¿Has visto al Papa en televisión cuando se acerca para saludar a los fieles? A su paso las personas quedan llorando. Es la cercanía de la santidad. Nadie queda indiferente. Si es así con el Vicario de Cristo, ¿cómo será con Jesús? ¿Qué pasaría si te enteras que muy pronto llegará y visitará tu casa?

Te aseguro que perderás tus miedos y los reemplazaras con la ilusión y una alegría verdadera. Pintarás los cuartos, comprarás ropas nuevas, prepararás todo para su llegada con manteles limpios... buscarás un sacerdote y harás una confesión fervorosa, realizarás obras buenas que puedas ofrecerle, y le dirás a todo el que veas sobre esta maravillosa visita que se aproxima. Pienso que no me equivoco al juzgar tu reacción. Él es más que cualquier Rey, presidente, artista, escritor... Y sé que le darás lo mejor de ti. Aquello que tal vez nunca le diste a nadie, reservándolo para alguien que de verdad lo mereciera.

Ahora debo aclararte lo siguiente: Esta venida se cumplirá al pie de la letra. Lo dice el Evangelio. *Jesús regresará muy pronto*, cuando nadie lo espere. ¿Cómo encontrará tu casa? ¿Y tu alma?

"Estén listos, con la túnica puesta y las lámparas encendidas. Sean semejantes a los criados que están esperando a que su señor regrese de la boda para abrirle en cuanto llegue y toque. Dichosos aquellos a quienes el señor, al llegar, encuentre en vela. Yo les aseguro que se recogerá la túnica, los hará sentar a la mesa y él mismo les servirá".

Señor, que tu regreso sea para nosotros una dulce esperanza, un anhelo realizado. Que cuando nos encuentres estemos vigilantes, dispuestos, como tú nos pides; y que nuestro amor sea suficiente para que podamos alegrar y consolar tu sacratísimo Corazón.

* * *

Me preguntas qué debes hacer para vivir FELIZ, como estos monjes, que buscan a Dios. La respuesta está a la vista.

"No anteponer nada al amor de Cristo".

(Regla de San Benito)

FOTO No. 46

¿Ves nuestros hábitos monásticos? Los hemos colocado uno al lado del otro para haceros saber que somos hermanos.

* * *

¿Amas tú a tu hermano?

¿Le tratas bien?

VEN SEÑOR

Jesús ha colmado mi vida. Desde que le busco, desde que me extendió su mano y me ofreció su amistad, no he hecho más que ir de felicidad en felicidad, conociéndolo, mi amigo toda ternura... aprendiendo de él, amándolo cada vez más. Los problemas y las dificultades, no han cesado, al contrario, a veces son mayores. Aun así, no me cambio por nadie. Soy feliz al lado de Jesús, teniéndolo como centro de mi vida. Él sabe transformar los corazones más aguerridos. Cuando Jesús venga otra vez, para mí será la llegada de un amigo entrañable. Sabré en ese momento que las penas acabaron. Que las puertas a la vida eterna se abrirán de par en par, y entraremos todos al Paraíso. Jesús es muy generoso con nosotros, suele hablarnos como lo que somos para él: *"Grandes Amigos"*. Me encanta saber que es mi amigo y que puedo confiarle todo.

"En aquél tiempo, Jesús dijo a sus discípulos: "No temas, rebañito mío, porque tu Padre ha tenido a bien darte el Reino. Vendan sus bienes y den limosnas. Consíganse unas bolsas que no se destruyan, y acumulen en el cielo un tesoro que no se acaba, allá donde no llega el ladrón, ni carcome la polilla. Porque donde está tu tesoro, ahí estará tu corazón". (Lc. 12, 32-34)

Francisco de Asís leyó este mismo párrafo que acabas de leer. Y decidió que su tesoro estaría al lado de su Señor. Por eso se desprendió de todos sus bienes, al igual que sus amigos, que fueron llegando innumerables, uno tras otro, para llevar esta vida evangélica, abandonados en los brazos de Dios. Piénsalo: nuestro Padre Dios ha tenido a bien darnos el Reino. *¿No te parece una noticia extraordinaria?* Tal vez no. Y te comprendo. Los problemas cotidianos son como una venda que llevas sobre los ojos y el entendimiento. No te permiten ver con claridad. Y esta gran noticia, pasa desapercibida ante ti.

Señor, enséñanos a desprendernos de los bienes temporales, a no desear riquezas, ni joyas, ni vivir angustiados por el dinero... Haznos generosos, que sepamos dejar a un lado la comodidad e iniciar la vida que nos pides; una vida verdadera, siendo como Francisco de Asís **"instrumentos de tu Paz".**

Hago rosarios.

Me encanta saber que con ellos te acercarás a los Corazones de Jesús y de María. Y que en los días de tribulación serán tu consuelo.

FOTO No. 48

"También entre los pucheros anda el Señor".
(Santa Teresa de Jesús)

Aún en medio de sartenes te encuentro Señor.

Has trocado mi trabajo en oración.

Y al servirles a otros, te sirvo a ti.

LA ORACIÓN

Cuando veo sombras a mi alrededor, me gusta refugiarme en la oración, y rezo con los salmos, recordando que Jesús también lo hizo, al igual que Pedro y los otros apóstoles, y María su Madre, y José, el Carpintero, su padre ejemplar.

Encuentro en ellos la fortaleza que necesito. Entonces desaparecen el temor y las dudas porque sé, con certeza, que el Señor me acompaña.

"El Señor es mi luz y mi salvación, ¿a quién temeré? El Señor es la defensa de mi vida, ¿quién me hará temblar?

Este es un salmo hermosísimo, Me gusta porque termina dándote ánimos, te empuja a conquistar la santidad, a vivir con el valor de los hijos de Dios.

"Ten confianza y espera en el Señor. Sé valiente. Ten valor. Sí, ten confianza en el Señor".

Pediré que el Hijo de Dios te llene de Su amor, y puedas amarlo más, y amar a tu prójimo con un amor puro y verdadero.

De esta forma aprenderás a ver a Jesús abandonado en los demás. Y podrás saciar esa sed de almas y de amor por la que Jesús en la Cruz nos dijo: *"Tengo sed".*

Pediré que, de ahora en adelante, seas un hijo fiel de María y vivas el tiempo terrenal que Dios te ha concedido haciendo el bien, bajo su manto y protección. Nunca has de olvidar que tienes una madre en el cielo, que te ama muchísimo, más de lo que jamás pudieras imaginar. Es lo que haré por ti. Daré gracias a Dios y elevaré una plegaria a Jesús y a su Madre, para que te inspiren a hacer la voluntad del Padre, en todo momento.

A cambio, reza tú por mí. Sólo soy un alma inquieta que busca amar a Dios, sobre todas las cosas, y que no siempre lo consigue. Somos demasiada carne y poco espíritu. Tal vez logremos cambiar con el tiempo. Y seamos más para Dios.

Hay otro salmo que me llena de esperanza, sobre todo cuando me siento atribulado por los problemas:

"Cuando me parece que voy a tropezar, tu misericordia Señor me sostiene. Cuando se multiplican mis preocupaciones, tus consuelos son mi delicia".
(Salmo 94)

Conozco la eficacia de la oración. Dios las escucha siempre complacido. Abren las puertas del cielo. Nos acercan al Padre, como el hijo pequeño que corre hacia su papá para que le proteja y siempre es bien recibido. Dios nos recibe con ilusión. Somos sus hijos.

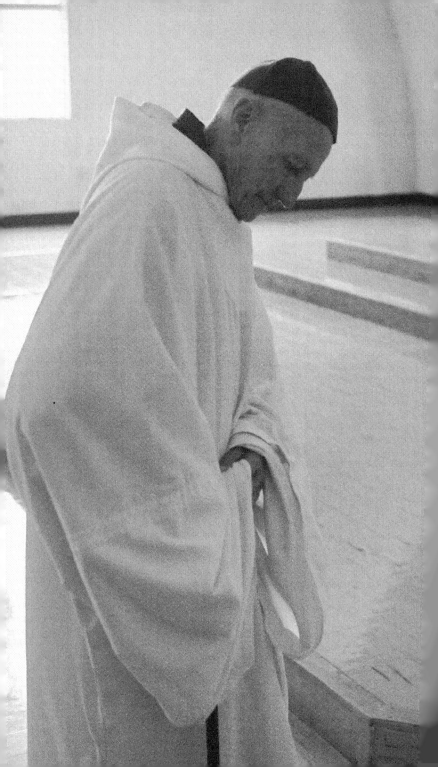

EN LA MONTAÑA DE DIOS

"El Señor perdona tus pecados y cura tus enferme-
dades; él rescata tu vida del sepulcro y te colma de
amor y de ternura". (Salmo 102)

Busca la santidad, vive en la cercanía de Dios, para que el Señor te favorezca con su Misericordia. Así habitarás en su montaña santa y serás feliz. **Déjate amar por Dios, déjate envolver por su Amor.**

Jesús te llama y te busca. Él quiere que seas feliz, que seas un hombre o una mujer nuevos. *Aprende a vivir con Cristo en tu Corazón.*

San Pablo lo supo, por eso le escribió a los Romanos: *"Si vivimos, para el Señor vivimos; y si morimos, para el Señor morimos. Por tanto, ya sea que estemos vivos o que hayamos muerto, **somos del Señor".*** (Rm. 14,7-9)

Dios nos conoce y nos ama. Somos importantes para Él. Y no deja nunca de buscarnos, a pesar de nuestra indiferencia.

"El Señor da su mano a todos los que caen, y ayuda a levantarse a todos los postrados". (Salmo 145)

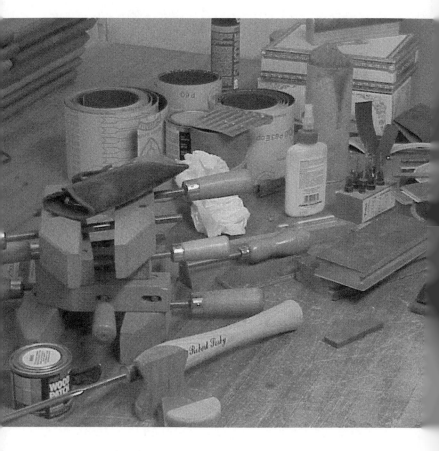

Estas son las herramientas para ganar el cielo:

"Humildad, trabajo, obediencia, desapego a las cosas materiales, oración, ayuno, limosnas y Eucaristía".

EL AMOR DE DIOS

Sé que Dios me ama inmensamente.

Sé que soy especial para Él.

Sé que Dios es mi Padre.

Sé que todo lo hace Dios para mi bien.

Sé que Dios es Todopoderoso, lleno de Misericordia.

Sé que Dios es amor... puro y tierno.

Sé que Dios creó todas las cosas.

Eres mi Roca y mi salvación, Señor.

En ti confío. Te amo. Y te adoro.

Gracias Dios por haberme creado.

Sé que en este momento escuchas mis palabras. Y que te son gratas. Sólo quería agradecerte Dios, por todo. Sin ti, qué sería de mí.

*"No temas, porque yo te he rescatado; te he llamado por tu nombre, **tú eres mío"**.*

"Os dejo la paz, mi paz os doy; no os la doy como la da el mundo. No se turbe vuestro corazón ni se acobarde". (Jn 14, 27)

NUNCA TE DEFRAUDARÉ

Parece como si Jesús resintiera nuestra poca fe. Le duele nuestra desconfianza. Lo afanados que vivimos por los problemas cotidianos. Su consuelo y su llamado no tardan. Tal vez, sin tantas prisas, lo podrías escuchar: *"Te preocupas demasiado por las cosas temporales. Ocúpate de mis asuntos y yo me ocuparé de ti".*

¿Lo has pensado alguna vez? Pareciera que hemos perdido la capacidad de soñar, de maravillarnos con la creación.

Una amiga, que tiene múltiples problemas me ha dicho: *"Suelo asomarme por la ventana de mi casa y veo el mundo que Dios ha creado para nosotros. ¿Cómo temer si Él está con nosotros? Si todo lo ha dado por nosotros".* Y es que nos sumergimos en un mundo donde falta el amor. No nos sentimos amados.

La Madre Teresa de Calcuta solía decir que esta era la mayor enfermedad de nuestros tiempos: la falta de amor.

Te comprendo. Has tratado tanto, y al final, seguramente las cosas no salieron como esperabas. Pero no es tu culpa. Hiciste cuanto estaba a tu alcance. El resto quedará en las manos de Dios. Vamos. Confía.

¿Te cuesta hacerlo? Bueno, Imagina que vas por la calle y miras al cielo como quien busca a Dios y le dices una palabra:

"Espero".
Haces una pausa y añades:
"Señor"
Sigues caminando y continúas:
"Mi alma espera".

Recuerdas tus problemas y se los entregas, los depositas en su corazón, para que Él se ocupe de ellos: *"Confío en tu palabra"*. Dime si en este mundo encontrarás algo que te dé más *paz interior*. Recordarle al buen Dios que confías en su Palabra. Si estás atento, seguramente escucharás su respuesta, que ha bajado desde el cielo para ti: *"Nunca te defraudaré"*.

El dolor, el sufrimiento, la vida misma, adquieren un nuevo significado, cuando los unimos a los sufrimientos de Cristo en la Cruz.

Me encuentro a diario con casos parecidos al mío. Y también de personas que de una forma u otra no confiaron o no amaron lo suficiente a Dios.

Han perdido su fe, creen que hacen lo correcto, pero al final tropiezan, caen, y se encuentran con que todo les ha salido mal. Y es porque no han tenido presente a Dios. ¿Por qué nos pasa esto? Por lo poco que conocen a Dios. Aprendes, con los errores y con el tiempo, y reconoces que nada puedes sin Dios. No es algo nuevo. La humanidad lo había descubierto desde tiempos muy antiguos, cuando Dios se hizo presente en sus vidas.

"Si el Señor no construye la casa,
en vano trabajan los albañiles;
si el Señor no protege la ciudad,
en vano vigila el centinela.

En vano te levantas tan temprano
Y te acuestas tan tarde,
Y con tanto sudor comes tu pan:
Él lo da a sus amigos mientras duermen..."
(Salmo 127, 1-2)

No dejamos a Dios actuar en nuestras vidas, ni hacemos lo que sabemos es lo correcto, aquello que Dios nos pide.

Si te encuentras con Jesús, *¿qué te diría?*

Un conocido me respondió:

—No creo que me reclame nada, pero me miraría muy triste.

Y añadió avergonzado:

—¡Qué egoísta he sido!

Un amigo estuvo hoy en mi oficina y me contó una experiencia suya, en la que todos nos podemos ver reflejados. Un día le tocaba preparar la Palabra para su reunión semanal de la Iglesia. Y decidió no hacerlo para dedicarse al negocio. *"Le dije a mi esposa que preparara ella la lectura de la Palabra, porque ese día estábamos sin dinero. Yo saldría a vender nuestros productos.*

Estaba consciente que no era lo correcto, porque sabía muy bien lo que Dios quería de mí, y yo tenía un compromiso con Él. Recorrí media ciudad visitando a mis clientes... ¡Todos estaban cerrados! Tuve que regresar a la casa cabizbajo, reconociendo que nadie puede engañar a Dios.

Me dediqué a preparar la Palabra y tuvimos la reunión en la noche. Dios no se hizo esperar, ni se deja ganar en generosidad. La mañana siguiente salí a visitar los mismos clientes... y compraron tanto que resarcieron las ventas que no hice el día anterior".

Comprendes que hay dos caminos. Si por libre elección escogiste el que lleva a Dios, lo verás actuar en tu vida, de forma cotidiana, con pequeños milagros que te acompañaran a lo largo de tu vida. Yo los experimento y cada vez me sorprendo más. Me brota de los labios y del corazón aquella dulce jaculatoria: *"¡Qué bueno eres Señor!*

Ahora amigo, amiga, emprende tu camino. Sé luz para los demás, con tu ejemplo y tu vida. Ten caridad con todos. Que nadie te gane en generosidad. Aprende a perdonar y olvidar. En adelante contarás con mis oraciones. Le pediré a Jesús por ti, para que te esfuerces y te animes a vivir el Evangelio.

Decía Chiara Lubich que una sola palabra del Evangelio vivida a plenitud solucionaría todos los problemas, en tu hogar, tu país, el mundo entero. Una sola palabra. Esa Palabra es Jesús. Ten la experiencia. Vive el amor. No temas ser discípulo del crucificado.

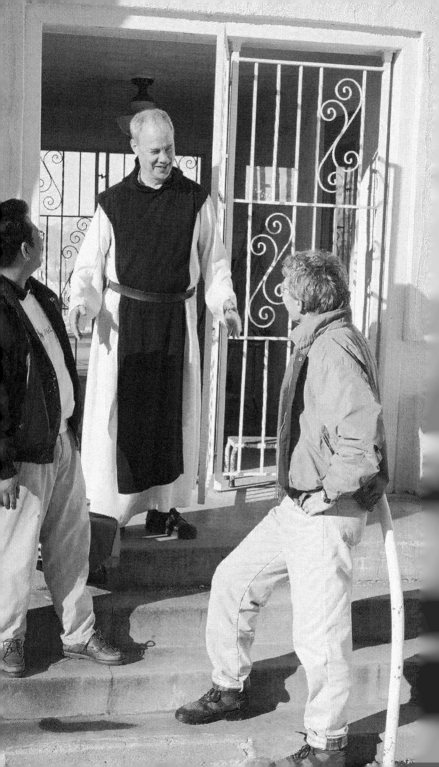

Hasta pronto…

Eres bienvenido siempre.

Regresa. Esta es tu casa.

La casa del buen Dios.

* * *

"¡Bendito el que confía en Yavé,
y que en él pone su esperanza!
Se asemeja a un árbol plantado
a la orilla del agua, y que alarga sus
raíces hacia la corriente: no tiene miedo
de que llegue el calor,
su follaje se mantendrá verde;
en año de sequía no se inquieta,
ni deja de producir sus frutos".

(Jeremías 17, 5)

DIOS TE LLAMA...

❝❝Nos despedimos de los monjes con la esperanza de volver. La paz que allí se experimenta lo vale todo", me dijo Anselmo. No sabía en ese momento que nunca volvería a tener la oportunidad.

Los monjes envejecieron, algunos partieron a la casa del Padre y cuando quedaron muy pocos, el monasterio tuvo que cerrar sus puertas.

Al momento de terminar de leer este libro, el monasterio que tanto bien hizo, **desapareció.** Ya no encontrarás monjes trapenses en la Abadía de Nuestra Señora de la Santísima Trinidad de Utah que recen por nosotros, nos muestren el camino, glorifiquen a Dios y lo busquen incesantemente.

Como recuerdo silencioso de lo que fue aquél santo lugar, y para honrar a los hombres que una vez lo habitaron y llevaron una vida apartada de mundo, pintaron un enorme mural a colores en una de sus paredes externas.

Se ve en él a un monje cisterciense, cosechando, con un halo de santidad alrededor de su cabeza y algunas aves volando a su alrededor.

En su mejor momento la abadía en Utah llegó a tener 84 monjes. Se sostenían con la agricultura.

Vendían pan multigrano y cereales, relojes hechos a manos y una "crema de miel trapense" que se hizo muy conocida. El 27 de agosto de 2017 se celebró allí la última misa antes de clausurar el monasterio. Los 6 monjes últimos que quedaban, ya ancianos, fueron trasladados. Uno de ellos en un video explicó: *"Lo que le ocurre a un monasterio es lo que puede ocurrir a una familia. Si los padres no tienen hijos, el nombre de la familia desaparece".*

Europa está llena de monasterios viejos, cascarones vacíos. En el mundo se cierran monasterios **por falta de grandes soñadores,** jóvenes y adultos con un gran propósito y anhelos de santidad, que quieran gastar sus vidas en una *búsqueda extraordinaria* por un tesoro mayor al que puedan recibir en este mundo. Está ocurriendo con cierta frecuencia. Hace poco salió en las noticias que las Carmelitas Descalzas del Monasterio del Sagrado Corazón de Jesús y del Inmaculado Corazón de María en Viña del Mar (Chile) anunciaron el cierre del monasterio por falta de vocaciones.

¿Qué está ocurriendo? Se crea un vacío difícil de llenar. ¿Será que nos falta rezar, pedir a Dios?

"La mies es mucha y los obreros pocos. Rogad, pues, al Dueño de la mies que envíe obreros a su mies".
(Mt 9, 37 - 38)

Pero aún hay esperanza. **Dios no permanece callado, inmóvil.** Está suscitando en muchas almas, la *vocación a la santidad.* Hace el llamado a los laicos, religiosas, monjes, sacerdotes, familias enteras. Él busca y llama adoradores alrededor del mundo, *almas puras*, dispuestas a abandonarse en su amor.

Hoy Dios te ha llamado a ti. Tal vez no te diste cuenta. No lo escuchaste porque estabas en el computador distraído, mirabas el televisor o estabas concentrado en tu trabajo.

Hoy Dios te ha llamado. Te pide que lo dejes todo por Él, que le des tu vida, que la gastes en algo grande, más grande de lo que puedas imaginar. Quiere que seas Su enviado, su mensajero y le muestres al mundo Su amor de Padre. Lo Misericordioso que es con nosotros. Desea que te conviertas en un faro que guíe a los demás, e ilumines la oscuridad del mundo.

Desde que naciste crece en tu interior una semilla que Él sembró en ti. El amor Divino que te irá inundando el corazón hasta que no haya espacio más que para Dios. Te llenarás de Dios para llevarlo a los demás.

Podrás abrazar al enfermo, al débil, al necesitado, al que está solo.

Te acercarás mostrándoles el rostro del Padre. Una sola palabra bastará para llenar sus esperanzas: "Dios". Sencillamente les dirás: "Dios te ama" y cambiarás sus vidas con la certeza de saberse amados.

Dios quiere que seas diferente, y te atrevas a vivir el Evangelio.

"¿A quién enviaré?" te preguntó hace un momento. "¿Quién irá en mi nombre?"

Muchos han respondido: *"Aquí estoy. Envíame a mí".* Y son nuestros religiosos, sacerdotes, religiosas. También están los que decidieron seguirlo y formar un matrimonio y tener hijos. O los que descubrieron que los llamaba a un apostolado. Su llamado es para todos.

Hoy te ha llamado a ti. Dios te ha llamado al amor, para que perdones y lleves Su palabra. No permitas que te quiten esa ilusión, la de la vez primera, cuando lo sentiste en tu interior con una fuerza impresionante y el mundo fue diferente. Lo viste nuevo, hermoso, increíblemente bello. Y todo te recordaba a Dios.

Cuando te llenaste de "algo" que no comprendiste. Como un súbito sentimiento de gozo, que te movía al amor. Un fuego que te quemaba por dentro y brotaba en tu interior la necesidad de estar a solas con Dios.

Cuando fuiste feliz a contracorriente.

Cuando te atreviste a denunciar y anunciar.

Cuando la caridad surgió como un manantial dentro de ti.

Cuando te fue fácil orar, porque era estar en Su presencia.

Hoy Dios te ha llamado.
¿Qué le responderás?

¡ÁNIMO! NO PIERDAS LA FE, aunque el mundo se venga abajo, te persigan y te hagan la vida imposible, sufras injusticias, una terrible enfermedad, o vivas con problemas que te superan. **Tu FE te dará el coraje para vencer, pues sabrás que no vas solo.** Dios sostiene tu mano y te dice:

"Yo soy tu Dios y te enseño lo que te es de provechoso, indicándote el camino que debes seguir.". (Is. 48, 17)

PARA FINALIZAR

Me encuentro con mi familia en Boquete, una región volcánica y montañosa a 482 kilómetros de la ciudad de Panamá. Aquí reflexiono, rezo y escribo el último capítulo de este libro. Boquete es un pueblo hermoso, hace un frío delicioso. Cultivan café arábigo de altura a 4,500 pies. Tienes la oportunidad de degustar un café espléndido, recién beneficiado en un Beneficio húmedo y tostado por un torrefactor local. Es un café aromático con un sabor fuerte. Aquí todo es pausado, no hay prisas y estoy rodeado de naturaleza. Vinimos de paseo y yo aprovecho para reflexionar y rezar.

Me gusta caminar por los senderos y disfrutar de la creación. Si me preguntas: "Claudio, ¿qué haces?" Te respondería sin dudar: "Busco a Dios".

Escribiendo este libro conocí más íntimamente a San Benito. Pará mí fue un gran honor. Descubrí sorprendido sabios consejos en su Regla monacal, para mejorar nuestras vidas y llevarnos a la santidad, al trato íntimo con el Padre y al encuentro de Dios. Su regla se adapta con precisión en el mundo secular. Había logrado cambiar el mundo como lo conocemos, y hoy san Benito es considerado Patrón de Europa.

Me encanta leer la vida de los santos, conocerlos íntimamente porque descubro que no fueron tan diferentes de nosotros. Estaban llenos de virtudes y tenían muchos defectos que fueron superando con el tiempo. ¿Cómo lo consiguieron? Confiaron en DIOS UN POQUITO MÁS, amaron un poquito más, y se abandonaron en las manos del Padre. El resto fue por añadidura, esfuerzo y por gracia de Dios.

Ahora San Benito es un santo cercano, a pesar de haber vivido siglos atrás (Nursia, 480 - 547) en una época tan distinta a la mía. Le pediré que me ayude a ser mejor, un mejor padre de familia, un mejor esposo, una mejor persona. Fue un gran monje y es considerado el iniciador de la vida monástica. Su Regla de vida influyó y sigue tocando las vidas de millones de personas, incluyendo la mía y estoy seguro que la tuya también cuando la leas y te hagas ese regalo.

Al avanzar este libro me percato de una gran necesidad. Las personas necesitan esperanza, saberse amadas por Dios, conocer lo que Él espera de ellas. Necesitan saber que Dios las ama. Cuando reflexionas en esto y recapacitas que somos TEMPLOS vivos y que Dios habita en nosotros, sientes un amor y un agradecimiento muy grande hacia Dios porque todo es gratuidad, recibimos regalos inmerecidos y sientes vergüenza de los pecados que ensucian tu alma, el templo de Dios.

En esos momentos crece la necesidad de buscar un sacerdote, hacer una confesión sacramental y restaurar tu amistad con el Padre.

Apenas ayer una lectora de mis libros me escribió angustiada preguntando qué hacer con su vida, porque todo lo que intentaba para agradar a Dios terminaba mal, era incomprendida y estaba desanimada. Me hizo recordar algo que comprendí hace algunos años y se lo hice saber. "Somos sembradores". Nuestro trabajo es uno y simple. Vamos por el mundo dando testimonio de nuestra búsqueda y vivencias con Dios. Somos como el granjero que esparce semillas en su campo. Abre los surcos y coloca las semillas. Eso es todo. No tiene ningún poder sobre la semilla, no puede hacerla germinar. Depende de la Naturaleza y de Dios. Nosotros, igual que el granjero sembramos Semillas de esperanza. ¿Cuándo van a germinar? No lo sabemos. Y no podemos exigir que ocurra pronto. Ocurrirá en el tiempo de Dios cuando Él quiera y lo decida. Porque su voluntad es santa y perfecta. Y siempre hará lo mejor.

Moisés hizo un largo y difícil camino guiando a su pueblo a través del desierto, pero no pudo entrar a la tierra prometida. Cumplió su trabajo, hizo lo que Dios le pedía solamente. Y lo hizo bien. Tal vez a ti no te toque ver los frutos de tu trabajo y tus esfuerzos en un Apostolado.

Siembra la semilla que se te ha dado para sembrar y cumple lo que se te ha pedido **sin esperar nada a cambio**.

He pensado escribir un nuevo libro, ahora que conozco mejor a San Benito y le admiro. Es algo que me piden mucho...UNA NORMA DE VIDA que ayude a los que pasan malos momentos, se sienten solos, desanimados o no saben qué hacer con sus vidas. Una norma para aprovechar nuestras vidas, ser felices, recuperar la esperanza, actualizando la Regla de San Benito a los tiempos que vivimos. Será un libro para laicos, sacerdotes, religiosas, familias, confirmando, estudiantes, mujeres, soñadores. ESPERALO... Muy pronto...

Por el momento, amable lector, tienes un camino nuevo frente a ti. ¡Ánimo! Te llevará a renovar tu vida, le dará sentido a todo y te mostrará los senderos más seguros para escalar la montaña de Dios. Podrás comprender y encontrar tus respuestas cuando llegues a la cima, después de resbalar, caer y rodar por las pendientes y de volverte a poner en pie y empezar a escalar de nuevo, una y otra vez.

GALERIA DE FOTOS

Abadía de Nuestra Señora
de la Santísima Trinidad,
Huntsville, Utah.

Decía un sacerdote amigo: **"Santo no es el que nunca cae sino el que siempre se levanta"**. Ahora depende de ti. Debes dar el primer paso, el que más cuesta, un paso de fe.

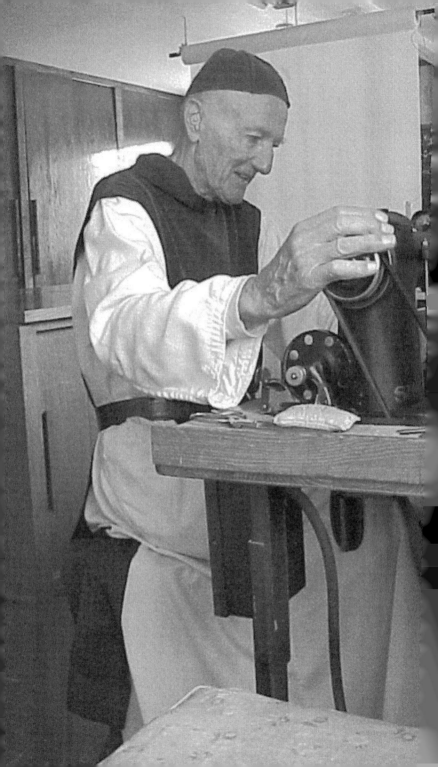

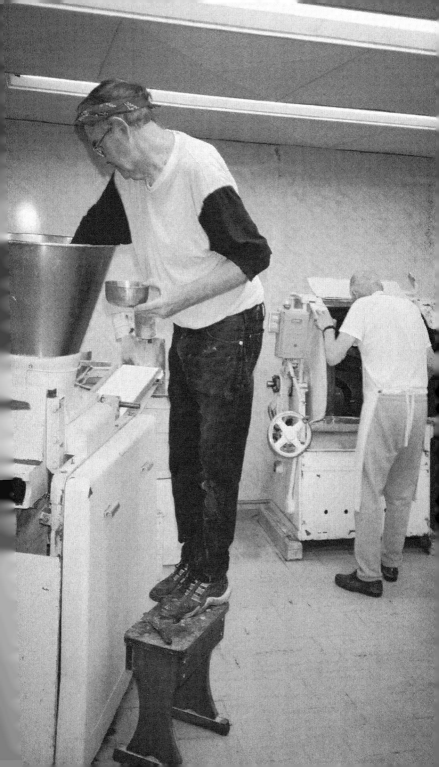

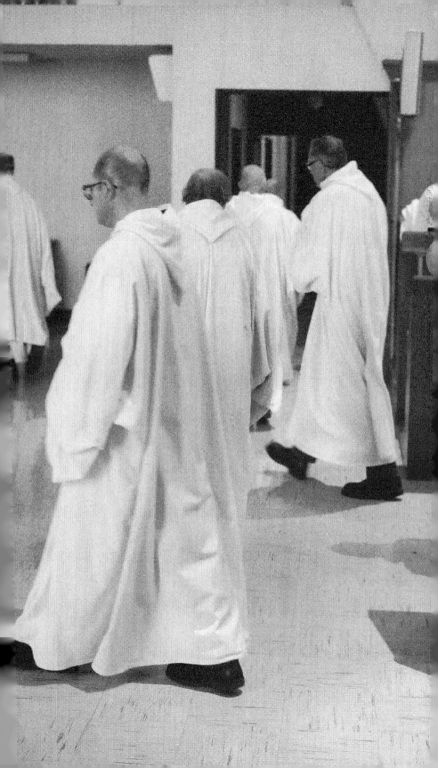

NUEVOS LIBROS DEL AUTOR
CLAUDIO DE CASTRO

¿TE GUSTARÍA LEER LOS "RECOMENDADOS"?

PUEDES PEDIRLOS EN AMAZON DE TU PAÍS.

¿Fue de ayuda para ti este libro? Quisiéramos recomendarte otros títulos que pueden ser de tu interés y te ayudarán mucho en tu crecimiento espiritual. Tenemos del autor Claudio de Castro, más de 100 obras de crecimiento personal y espiritual disponibles para ti, en el portal de Amazon.

Estos son algunos de los más vendidos:

1. El Sagrario

2. **El Mundo Invisible / Best Seller**

3. Nunca te Rindas

4. El Camino del Perdón

5. **Mi Ángel** (Testimonios con nuestro ángel)

6. **El Gran Poder Olvidado.** Los 7 Dones del Espíritu Santo.

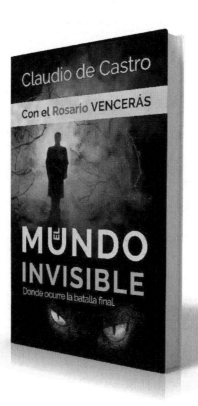

Un libro polémico sobre las acciones del demonio en el mundo.

CONTACTA AL AUTOR

¿Te gustaría contactar a Claudio?

Ésta es su página de autor:

www.claudiodecastro.com

Éste es su Email:

ediciones.anab@gmail.com

Recibimos correos de todas partes del mundo, enviados por lectores que nos comentan lo que viven y nos cuentan cómo estos libros impactaron sus vidas. Solemos referirlos siempre a Jesús en el sagrario.

Él es quien hace lo importante, transforma, sana, cambia, *restaura nuestros corazones* y nos da las *gracias* que necesitamos para seguir adelante en la vida, con optimismo y serenidad.

¡Dios te bendiga!

Made in the USA
Middletown, DE
21 February 2020